高 琼◎著

母格局有多大，孩子就能走多远

中国致公出版社
China Zhigong Press

图书在版编目（CIP）数据

父母格局有多大，孩子就能走多远 / 高琼著 . -- 北京：中国致公出版社，2017.12
ISBN 978-7-5145-1069-0

Ⅰ.①父…　Ⅱ.①高…　Ⅲ.①儿童教育—家庭教育
Ⅳ.① G782

中国版本图书馆 CIP 数据核字（2017）第 217647 号

父母格局有多大，孩子就能走多远
高　琼　著

责任编辑：蒋晓舟
责任印制：岳　珍

出版发行：中国致公出版社　China Zhigong Press
地　　址：北京市海淀区翠微路 2 号院科贸楼
邮　　编：100036
电　　话：010-85869872（发行部）
经　　销：全国新华书店
印　　刷：天津中印联印务有限公司
开　　本：787mm×1092mm　1/16
印　　张：15
字　　数：198 千字
版　　次：2017 年 12 月第 1 版　　2018 年 4 月第 2 次印刷

定　　价：39.80 元

父母格局有多大，孩子就能走多远

一位心理学教授说："父母才是孩子的起跑线。"这句话说得一点都不错。

曾经看到过这样一个故事：

世界著名的宾夕法尼亚大学想要在北京招一些交换生，听到这个消息，众多家长都跃跃欲试。因为对于每个孩子来说，这可是一个千载难逢的机会，要知道这所大学是全球顶尖的大学之一，也是著名的八所常春藤盟校之一，获得这个机会，就意味着自己的孩子前途无限。

一所重点高中的一位学生获得了面试机会，他是同学们口中的学霸，更是家长和老师心中最优秀的孩子。可令人感到意外的是，这个孩子却落选了。问题出在哪里呢？孩子的父母和老师都迷惑不解。最后，面试官给出了答案。

在面试过程中，面试官问道："你学习这么优秀，将来想要做什么？"

孩子回答说："我读完书之后，想要挣钱，挣很多很多钱！"

面试官说："很好，那么挣钱之后你想做什么？"

孩子说："我想要旅行，让自己可以周游全世界。"

这时候，面试官对这个孩子还是比较满意的，于是又接着问道："那么之后呢？你人生的全部时间不可能全部用来旅行，之后你最想做的是什么？"

孩子毫不犹豫地说："以后我会结婚生子，给爸爸妈妈买上大房子，过上好日子。"

现在我们知道了吧，这个孩子为什么会落选。这个孩子虽然成绩非常优秀，但是却没有长远的眼光和广大的格局，未来人生的规划只是赚钱、给爸爸妈妈买上大房子、过上好日子而已。即便想要在将来坏游世界，恐怕也只是为了满足自己的玩乐之欲罢了。对于他来说，理想、抱负都是虚无缥缈的。

或许我们不应该太过苛责这个孩子，因为他毕竟只是一个孩子而已，在他成长的过程中，父母给予他的教育就是"好好读书，赚许许多多的钱""找个好工作，让爸爸妈妈过上好日子"。我们又怎么奢望孩子能够有大的格局，有长远的目光呢？

许多人说这是一个"拼"父母的时代，我们不否认这句话确实有一定的道理，但是它具有片面性。现在孩子拼的并不只是父母的物质财富，还有父母的思维、远见和格局。而这些因素对于孩子的成长有着至关重要的作用，直接影响着孩子一生的发展。

可以说，父母的远见和视野，决定孩子人生道路的广度；父母的格局，决定孩子将来所在的高度。有大格局的父母，看到的是孩子的未来和前景，不一味地宠爱孩子，而是给孩子自由成长的空间；不仅着眼于成绩，还注重孩子涵养、品性、能力、胆量等全方面素质的培养。这样的父母绝不会急功近利，他们会教育孩子踏实走好人生中的每一步，让孩子最大限度地看到最广阔的天空。有大格局的父母，并不看重外在的投入，而是看重自己对孩子的言传身教。他们努力做最好的父母，指引着孩子向正确的方向前进，让孩子成为最好的自己。

父母们，把眼光放得远一点，把格局提升得大一些吧。因为你的格局有多大，你的孩子就能走多远。

目　录

第一章

欣赏：不必羡慕他人的玫瑰，
因为你有一朵百合

有一种伤害叫作"看看别人家的孩子"，孩子的自信心就这样一次次地被打击，被磨灭。有大格局的父母知道，每个孩子都是独一无二的，每个孩子的生命都与众不同，所以不必羡慕，无须苛责。尊重孩子本来的进程和样子，让孩子相信自己，欣赏自己，也就能活出生命的价值和精彩。

自己的孩子美不美？发现很重要

　　所有父母都望子成龙、望女成凤，希望自己的孩子是最完美的，希望自己的孩子没有任何缺点。可这种高期待也决定了很多父母往往对孩子有着更高的要求，总是觉得孩子不够完美，不能够满足自己内心的要求。久而久之，为人父母会产生挑剔心理，用苛刻的眼光来看待孩子，对孩子要求这、要求那，但结果却总是令人不满意。

　　可孩子真的是一无是处吗？当然不是，尽管孩子身上会有不少的缺点，诸如淘气、脾气执拗、性格傲慢等，可是每个孩子身上也存在着很多优点。比如说，淘气的孩子往往头脑比较聪明，动手能力强；脾气执拗的孩子身上有一股子韧劲，遇到事情往往不会轻易放弃和认输；而性格有些傲慢的孩子，虽然平时骄傲、自满，但最起码他们非常自信，能力比较强，比那些自卑的孩子还善于表现自己，更勇敢、主动。

　　然而，令人感到遗憾的是，绝大部分中国父母却在望子成龙心态的引导下，只关注到孩子身上的缺点，对其优点却视而不见。即便这缺点只是小小的瑕疵，即便孩子身上有众多优点。这样的心态导致父母总是对孩子不满意，以至于认为自己的孩子处处不如人，浑身都是缺点。

　　试想一下，如果父母能够发现孩子身上的优点，帮助和引导孩子将这些优点放大，并改正相应的缺点和不足，那么孩子会不会变得越来越优秀，越来越完美?

有一部电影叫作《地球上的星星》,是印度著名演员阿米尔·汗自导自演的处女作,讲述的是一个 8 岁男孩和美术老师的故事。

这个男孩的名字叫伊夏,他的学习成绩不好、爱捣乱,生活中也有很多鬼点子,是家长和老师眼中的问题学生。上课的时候,他总是遥望着窗外,听不懂老师的指令,回答不上来老师的问题,好像是生活在自己想象的世界里一般。连续留级两三次之后,父母对他也是忍无可忍了,于是把他送进了寄宿学校。

虽然表面上伊夏的生活没有太大的变化,可他的内心却因为和家人分离而感到孤独和恐惧,他感觉自己内心最后的一点阳光都被摧毁了。虽然伊夏过去时常想出一些鬼点子,可心中非常爱自己的家人,性格也非常活泼乐观。到了寄宿学校,他变得越来越沉默寡言,越来越不合群,除了继续听不懂老师的指令,算不对算数,就连最喜欢的画画也彻底放弃了。

幸好在孩子处于崩溃边缘之际,他遇到了一位可亲可敬的老师尼克——他仅仅是一名代课老师。可就是这位代课老师发现了伊夏的美,让伊夏的人生重新充满了阳光和希望。尼克是一位年轻的老师,正因为年轻所以特立独行,所以不像其他老师那样循规蹈矩。他受到了所有孩子们的喜欢和尊敬,因为他善于发现每个孩子的优点,尊重每个孩子的成长轨迹。他的出现让这个如一潭死水的学校,泛起了层层涟漪,也让每一名学生都发现并展现了自己的美。

当然,这其中也包括伊夏。在日常的相处中,尼克发现了伊夏的特别之处,虽然他是一个患有阅读障碍的孩子,但是却具有极高的绘画天赋。他找到了伊夏的父亲,希望家人能够欣赏伊夏,并且给予孩子足够的关爱和鼓励。他还找到了校长,希望说服校长不放弃这个患有阅读障碍的孩子,并且决定自己帮助这个孩子。在班上,他告诉孩子们,阅读障碍并没有什么,事实上,那些改变世界的伟大人物，比如爱因斯坦、达·芬奇也都有阅读障碍，可是他们却发现和展现了自己另一方面的天赋，成为世界上最伟大的人物。

接下来，尼克举办了一场由全校师生共同参与的美术大赛，伊夏画出了令全校师生都惊艳的作品。而尼克老师则画下了一个最阳光的男孩，那就是伊夏。最后，伊夏的作品获得了第一名，当他上台领奖时，泪流满面地紧紧地抱住了这位可爱可敬的老师。

这部电影告诉所有的父母，每个孩子都是独一无二的，每个孩子都有闪光点，关键在于父母和师长是否能够发现。在遇到尼克老师之前，伊夏是父母眼中的笨孩子，学习上不够努力，生活上鬼点子多；是老师和同学们眼中的"学渣"，上课时常神游太虚，听不懂老师的讲课。可是，从来没有人尝试着了解这个孩子，也从来没有人想要发现他身上的闪光点。要不是遇到了尼克老师，或许伊夏的绘画天赋永远不会被发现，恐怕永远也无法绽放属于自己的美丽。

所以说，生活不是缺少美，而是缺乏发现美、欣赏美的眼睛。这句话在这里同样适用。孩子不是不美，不是没有优点，而是我们缺少更多的欣赏和发现。如果我们总是用挑剔的眼光来看待自己的孩子，那么所发现的只能是孩子身上的缺点和不足；如果我们总是存在着"恨铁不成钢"的心理，那么看到孩子做某件事情，随口说出的就是批评的话，就是不满意的话语。

我们不妨换一个角度，用欣赏的眼光来看待孩子，学会多发现孩子身上的优点，即便是对于那些表现不好、毛病较多的孩子也用欣赏的言语去激励他们，也许就会得到意想不到的效果！正如一位教育学家曾经说过："赏识是孩子生命成长的阳光、空气和水，是他们进步的最大动力！"所有人都希望获得夸奖和表扬，孩子更是如此，哪怕是缺点很多的孩子，都希望得到表扬、肯定和鼓励。当他们因为某件事情得到父母的肯定和赞扬时，内心会得到满足，精神受到激励，思想上也会积极上进。

每个孩子都是一朵美丽的花朵，每个孩子都是独一无二的，父母要做的就是学会欣赏自己的孩子，多发现孩子身上的美和优点。即便他们做得并非那么好，即便他们身上也存在着不少缺点。

要知道，自己的孩子美不美？发现是最重要的。

当我们善于发现他们的美，发掘他们身上的优点，孩子才能够更尽情地绽放独属于自己的那一份美丽。

你就是你，不需要模仿任何人

或许是现代家庭对孩子的期待过于高了，也或许是因为社会竞争异常激烈，没有哪一位父母希望自己的孩子输在起跑线上，时时处处怕自己的孩子落于人后。这种心态直接衍生出一系列的行为，即看到某种教育方式有效，就争先恐后地模仿他人；看到别人家孩子绘画、跳舞、学钢琴，就盲目地给孩子报各种兴趣班；看到别人家孩子成了童星，于是就让孩子学各种才艺，想尽办法让孩子参加各种选秀……

于是，我们时常会看到这样的现象：朋友家孩子从小学习钢琴，并且在钢琴比赛中获得了名次，有些父母就会觉得学习钢琴有出息，急匆匆让孩子学钢琴，报培训班、找专业老师，甚至是不惜斥巨资买下了昂贵的钢琴；别人家孩子成绩优异，"奥数"得了奖，英语参加了口语大赛，于是，有些父母就认为自己家孩子落后于人了，又急匆匆地给孩子报"奥数"班、英语班，每天督促着孩子学习、培训、上兴趣班……

这些家长美其名曰：不想让孩子输在起跑线上，别人报什么班，就给自己孩子报什么班；别人哪方面突出，就督促自己孩子向别人学习。可是，他们一味地让孩子学习别人，模仿别人，却完全没有考虑到自己孩子这方面是否有优势，是否适合学习，更没有考虑到孩子的意愿，问一问孩子是否有兴趣，是否愿意学？

就像美国著名心灵导师迪帕克·乔普拉（Deepak Chopra）说过的："我们今天现在的样子不是我们刚出生时婴儿的样子，而是被大人放在一个错误的容器里挤出来的变形的样子。"现在绝大部分父母的教育都是如此，他们或是按照自己的意愿来培养和教育自己的孩子，或是按照自己认为出色的、优秀的"别人家孩子"的样子来打造自己的孩子。在他们看来，自己所做的一切都是为了孩子好，因为"学习了钢琴才有气质"，因为"学习了'奥数'，才能找到好学校"，因为"像某某一样优秀才有前途"。

然而，我们并不是在培养别人家的孩子。别人家的孩子虽然优秀，虽然有众多的优点，可那并不是你的孩子。你的孩子是他自己，是独一无二的个体，不需要模仿任何人。他或许存在着这样那样的缺点，或许需要学习优秀者的长处和优势，但这并不是父母随时拿他和别的孩子作比较的理由，更不是父母让孩子模仿别人的理由。

所有的父母都应该反思一下，你期望孩子按照你的要求发展，期望自己的孩子成为某某样的人，那么你到底是要孩子为你眼中的优秀而努力，还是想要孩子成为最出色的自己，呈现他本来的天赋和能力呢？

所以说，尽管教育经验是可以借鉴的，我们也可以让孩子向优秀者学习，但是教育绝对是因人而异的，也绝对不能照搬和复制。在教育孩子的过程中，因材施教才是最好的教育。这个道理，早在两千多年前的孔子就强调过。为什么现在的父母却还不明白这个道埋呢？非要照搬别人的教育方式，让自己的孩子模仿那些所谓的优秀者呢？

我们都知道，好的教育更注重孩子个性和天性的发展，父母通常会给孩子足够的自主空间，并且非常尊重孩子本来的样子。而这样的教育也让孩子更快乐，活出了属于自己的价值和精彩。

这个故事中的主人公丹尼尔就是如此。在普通父母的眼中，他是一个差生，每次考试都是倒数第一，也时常遭到同学们的嘲笑。可是，丹尼尔的妈妈从来没有觉得丢脸，也没有强迫自己的孩子像别人那样努力学习，做好阅读、算好数学、画好图画。即便到了最后，校长认为丹尼尔不适合读书，说他理解能力太差，说他太笨了，甚至让他退了学，他的妈妈也没有苛责孩子。妈妈知道丹尼尔喜欢雕刻，所以即便孩子荒废了学业，妈妈也从来没有干涉。妈妈觉得自己的孩子拥有一双艺术家的手，经过他雕刻出来的东西都栩栩如生。所以每次当孩子拿着自己的东西来到她身边的时候，她总是给予表扬和肯定，并且恰如其分地指出作品绝妙之处。

正因为如此，尽管丹尼尔其他方面不尽如人意，可是在他内心中却始终相信：我就是我自己，我有自己的优点，也可以做到别人做不到的事情。之后很长一段时间，丹尼尔都没有找到合适的学校，但是他对自己充满了信心，并且专心致志地进行着创作。

最后，丹尼尔虽然没有像其他孩子那样考上大学，成为工程师、医生等，却成了著名的雕塑师。当时，市政府决定在市政府前面的广场上树立一座某名人的雕像，很多著名的雕塑家都跃跃欲试，最后一举夺魁的却是默默无闻的丹尼尔。

就是因为丹尼尔的妈妈始终给予孩子积极的教育，让他相信自己是最独特的，并不比任何人差，所以丹尼尔才获得了成功和幸福。父母要知道，尊重孩子的天性和个性，发掘和展示孩子的特点和优秀，孩子才能更好地成长。盲目地让孩子模仿别人，人家孩子学这个就让自己家孩子学这个，只会扼杀孩子的个性和天性，同时还会给孩了的心里造成极大的伤害。

其实，每个孩子都是独立的个体，和其他人没有太多的可比性。父母应该明确地告诉孩子"你就是你，不需要模仿任何人"，然后按照孩子的天性去培养孩子，帮助孩子找到适合自己的发展道路。如此才能使孩子的优势和潜能发挥到最大，孩子也更容易获得成功和快乐。

这是因为，每个孩子都是一个完全特殊的、独一无二的个体。就像是世界上飞舞的无数蝴蝶，却没有一对翅膀的图案是绝对一样的；就像是天空中飘浮的无数白云，没有一朵是形状相似的。每个孩子的性格、心智、兴趣、爱好、能力，包括心理和健康程度都不尽相同，所接受的家庭教育也是千差万别。正因为如此，适合别人的教育未必适合你家的孩子，别人家孩子可以成为"钢琴王子"，可是你家孩子却不一定能行。也许是你家孩子对钢琴没有兴趣，也许是你家孩子完全就没有这方面的天赋。所以即便你给孩子报一样的培训班，找同一位老师，每天让孩子勤加练习，那么孩子也不可能成为别人家孩子那样的"钢琴王子"。

每个孩子都应该成为最好的自己，都不需要按照别人的轨迹来发展，更不应该成为某位优秀者的影子。孩子就是他自己，如果他是一朵百合，父母就应该让他尽情地绽放。父母又何必羡慕别人家艳丽的玫瑰呢？

看看人家孩子，你怎么不如人家

父母或许都有一种遗憾，就是自己家的孩子往往不如别人家的孩子。于是，我们随时随处可以见到这样的父母，他们总是喜欢拿自己的孩子和别人的孩子作比较，然后用充满羡慕的口吻，对自己的孩子说：

"你看看，你的同桌多聪明，考试总是第一名。"

"你看看，人家楼上那孩子多有礼貌，总是主动和别人打招呼。"

"你看看，人家彤彤多么优秀啊！"

"你看看，你怎么就不如人家。"

……

"你看看""你看看"，在生活中父母总是会随口说出诸如此类的话。

如果问这些父母为什么总是拿自己家的孩子和别人家的孩子作比较？他们就会理所当然地说：当然是给孩子树立好榜样，激励孩子积极努力，不断进步啊！

可是，父母应该要知道，事实上，诸如"你看看某某多聪明""你看看你为什么不如别人"之类的话，不仅不利于激发孩子的上进心，还可能给孩子心理带来很大的伤害。这是因为，每个人都有强烈的自尊心，孩子更是如此，他们有着好强好胜的天性。在孩子的内心中，他们强烈想要获得大人的肯定和支持，并且不希望自己总被拿来和别的孩子比较。

尤其是那些内心比较敏感自卑的孩子。在被比较的过程中，孩子的自信心一次次被打击，自尊心一次次被伤害。时间长了，很容易让孩子形成这种心理：是不是我自己真的非常糟糕，才会让父母如此不满意；是不是我自己真的不够好、不够优秀，父母才不喜欢自己；父母并不是爱自己的，爱的是别人的孩子。而这些话语会像魔咒一样，在他们的生命中如影随形，让孩子变得越来越不自信，越来越自卑，甚至是自暴自弃。

小雪就是这样的孩子，虽然她学习成绩不错，头脑聪明，可是内心深处却是自卑的。因为她内心始终有一个这样的声音："你看看，你怎么不如别人优秀呢！"这个声音在小雪的耳畔响了十几年，就像是魔咒一样无法摆脱。即便是自己已经很努力，成绩已经很优秀了，可还是觉得自己不如别人。

而这完全是缘于父母平时教育的不当。小雪的爸爸是某外企的高层领导，妈妈是一所学校的老师，平时对孩子寄予了很高的期望。于是，爸爸妈妈经常对小雪耳提面命："你要学学王叔叔家的孩子，年年考试拿第一。你看看自己，再看看人家，你可一定要努力啊！""李叔叔家孩子非常优秀，功课门门都优秀，钢琴还在市里拿了大奖。你一定要好好学习啊！"

刚开始的时候，小雪还觉得自己身上确实有很多不足，想着积极努力，不断提升自己。可是慢慢地，她逐渐发现，在爸爸妈妈眼中，同事家和朋友家的孩子都是完美的，异常优秀的，而自己就和别人差远了，不管是从学习上还是能力上都远远不如人家。从那时开始，小雪觉得自己哪里都不好，即便是怎么努力也无法追赶上别人，无法让父母感到满意。所以，小雪变得越来越没有自信，即便自己某件事做得非常优秀了，可总是觉得自己不行，总是对自己不满意。

所以说，每个孩子都不希望自己被别人比下去，他们都希望得到周围人的肯定，尤其是来自最信任的父母的肯定。如果父母总是拿他们和别人比较，并且强调孩子比别人差，那么孩子就会在内心中进行自我否定。如果父母由于攀比心理，忽略了孩子的优点和长处，忽视了孩子的心理健康，一味地拿孩子的缺点和别人的优势进行比较，那么就会给孩子心理带来巨大的伤害。因为孩子们通常无法正确地认识自我，都是从父母的评价来获得对自己的认识的。

从另一个方面来说，父母的比较还很可能会激起孩子的逆反心理。一个经常被比较的孩子，就曾经当众对妈妈吼道："你总是拿我和你的同事、同学家的孩子比，今天说人家优秀，明天说人家在'奥数'比赛中拿了第一名。你为什么不比一比呢？别人的家长是亿万富翁，你怎么没有那么多财富呢？别人家的父母是官员，你怎么没能当上市长、市委书记呢？"结果，这个孩子的妈妈被说得哑口无言。

做父母的不妨仔细地想一想，在作比较的时候，是不是为了自己的面子呢？在比较之后，是否想办法指导孩子究竟怎么做了呢？你的比较是否对孩子起到了激励和鞭策的作用呢？

我们都知道，每个孩子不管是从能力上还是性格上都是不同的，家庭环境、父母的教育方式和理念也不尽相同。在培养孩子的过程中，我们不能只看到别人孩子的优秀和完美，却忽视了自己孩子的优势和独特之处。说白了，这样的比较是没有意义的，对于孩子的成长也是没有太大的正面作用的。

所以，与其拿自己的孩子和别人家的孩子作比较，不如设身处地地站在孩子的角度思考，多了解孩子内心的想法，树立孩子的信心，并且发掘孩子的优势和闪光点。因为我们教育孩子并不是为了和别人比较，也不是为了向别人炫耀自己做得有多好，而是让他在学习中不断成长，成为最出色的自己。

要记住，不要总是对孩子说"看看别人家的孩子""你怎么不如别人"，因为这是对孩子心里最大的伤害！

表扬和赞赏，才是孩子进步的阶梯

绝大多数的中国父母，总是一副"恨铁不成钢"的样子，孩子一旦犯了错误，父母就会随口说出"你怎么这么笨，这么简单的问题都不会""你真是太坏了，长大肯定学不了好""这么贪玩，长大怎么有大出息"，这样的话，父母似乎觉得多"敲打"孩子，多批评孩子，如此孩子才能有前进的动力。

或许在有些父母看来，孩子犯了错误，或是连简单的事情都做不好，就是应该批评。岂不知，在孩子的世界中，如果只有批评和指责，缺少了表扬和赞赏，会让孩子变得自卑，缺乏自信心。因为一味地否定只能让孩子产生极大的挫败感，会让孩子觉得自己就是如此糟糕，就是如此没有出息，甚至从内心感到绝望和无助。

诚然，适当地批评可以让孩子正确地认识自己，让孩子改正错误，并且督促孩子进步和完善。但是如果父母忽略了孩子的内心感受，一而再，再而三地批评孩子，缺少表扬和赞赏，那么就会严重挫伤孩子的自信心和自尊心。时间长了，在一次次的打击下，孩子的自信就越来越弱，自卑的种子就会在心中生根发芽，直至蔓延。

父母有没有想过，孩子只是孩子，他们或许有很多缺点，或许时常犯错误，可是他们更希望的是得到别人的理解和肯定，期望得到公正的评价。如果父母不分青红皂白，就把孩子批评得一无是处，忽视事情背后的缘由，忽视孩子本身的优点，那么就会影响孩子的身心健康，甚至是让孩子产生厌世情绪，乃至做出伤害自己的极端行为。

相反，用赞扬和鼓励的方式，比如多对孩子说"你能行""你做得很好""虽然你做错了，但是能知错就改，依然是好孩子"之类的话，那么孩子会越来越自信，越来越欣赏自己。可以说，父母的态度和评价对于孩子的成长和心理都有极大的影响。如果父母给予孩子表扬和赞赏，那么他的天空就充满了阳光；如果给予他批评和指责，那么他的天空就会乌云密布。

还有些父母认为，总给孩子表扬和赞扬，必然会滋生孩子的骄傲情绪，对孩子成长有不利影响。所以，这些父母总是习惯批评孩子，从来不愿意当众夸奖和赞扬自己的孩子，甚至为了让孩子继续进步，而不断地挑孩子身上的缺点。当孩子骄傲地向父母表示自己考了第一名的时候，父母不但没有像他期待的那么高兴，没有表扬和赞赏他，反而还冷冰冰地说"这有什么了不起的。你只是班里第一，想没想过在全校排第几啊""虽然你得了第一名，可还是做错了几道题啊""这次第一了，可下次呢？不要太骄傲啊"。可是，我们不妨想一想，孩子考了第一名，不仅没有得到表扬，却被泼了冷冰冰的冷水。孩子能不伤心吗？孩子的积极性能不受到打击吗？这难道真的有利于激励孩子的进步吗？

所以，父母不应该让孩子在批评和苛责下成长，而是注意培养他的自尊心和自信心，让其形成良好的性格和生活习惯。父母应该学会用欣赏的眼光来看待自己的孩子，多给孩子表扬和赞赏，尽量少批评和打击孩子。这不仅对于孩子心理健康有积极作用，也是送给孩子人生最好的礼物。

也许大家都看过北大第一任校长陶行知先生"四块糖教育孩子"的故事，相信重温之后会有更深刻的感受。

有一天，陶行知看到一名叫王友的学生正在用泥块砸其他同学，于是当即制止了他，并让他放学后到校长办公室。放学后，陶行知回到校长室，发现王友已经在门口处等候。陶行知让他进了屋，从口袋中拿出了一块糖果送给他，并且说道："这块糖是奖励给你的。因为你按时到校长室找我，而我却迟到了。"

王友感到非常惊讶，不过还是接过了糖果。谁知，陶行知又掏出一块糖果放到他手里，说："这也是奖励给你的。因为当我让停止的时候，你立即就停止了。这说明你非常尊敬师长。"接着陶行知又掏出了第三块糖果，说："经过调查，我发现你并不是无缘无故地砸同学，而是因为他们欺负女同学。这说明你很正直，敢于和坏孩子做斗争！"

王友非常感动，自己犯错了，校长不仅没有严厉批评，反而给自己奖励。他感动得哭泣起来，说道："校长，我错了。虽然他们欺负女同学不对，可是我也不应该用泥块砸他们啊！他们是我的同学，不是坏人啊！"

这时候，陶行知露出了满意的微笑，随即又掏出第四块糖果递给王友，并且说："你能够正确地认识到自己的错误，这非常好。我再奖给你一块糖果，我的糖奖完了，我们的谈话也该结束了。"

我们可以试想一下，现实生活中，父母们面对王友的错误会怎么做？或许绝大部分家长会严厉地批评孩子，埋怨孩子不听话、淘气。可陶行知却没有如此，而是换了一个角度，用欣赏的心态来看待孩子，从错误中发现孩子守时守信、尊重师长、为人正直、敢于承认错误等优点，并且给予了孩子及时的奖励和赞扬。

事实表明，这样的表扬和赞赏远远比批评和指责更有效，这不仅让孩子从内心正视了自己的错误，更从心灵深处得到了激励和满足。我们相信，王友在之后的学习和生活乃至人生中，一定会发扬以上优良的品质，不断地完善和改进自我。

看吧，表扬和赞赏才是孩子进步的阶梯。这不仅是一种积极正面的教育方式，更是一种积极的教育心态。当然，表扬和赞赏也要有个度，如果父母总是把表扬挂在嘴边，孩了犯了大错也不批评，那么就会走向另一个极端，同样对孩子的心理和行为有不良的影响。

快撕掉孩子的标签，别让你的偏见毁了他

美国心理学家贝科尔曾经说过这样一句话："人们一旦被贴上某种标签，就会成为标签所标定的人。"

其实，这样的心理学效应在我们的生活中随处可见，尤其是在孩子身上。如果一个孩子时常受到父母的表扬，说他是个聪明能干的孩子，那么他就会为了这份奖励而努力向着聪明能干的方向努力，他的行为也会尽可能地按照父母所定义的样子去做。相反，如果父母时常说自己的孩子笨、学习不好，什么也做不成，那么他就会做出又笨又蠢的事情，逐渐成为这样糟糕的孩子。

这样的心理效应对孩子的影响是非常巨大的，因为孩子心智不成熟，缺乏对自我的认知能力。在这个过程中，孩子会不断将别人对自己的评价、看法整合到自我形象之中，开始形成自我的概念。简单来说，就是别人总是说他笨，那么即便他智力不错，头脑也很聪明，但是在别人的影响下，他也会形成"我是笨的"这样的自我认知。

所以，身为父母千万不要给孩子贴上标签，单纯因为孩子某件事情没有做好，就说他"你不是这块料""你太笨了"。因为你的偏见会让孩子那份跃跃欲试的期盼毁于一旦，让孩子之前的努力付出成为一个笑话；你的偏见更会严重打击孩子的自信心，让孩子陷入错误的自我认知之中，毁掉孩子原本应该美好光明的一生。

一位母亲年轻时的梦想是成为一名优秀的芭蕾舞表演家，可由于种种原因，这个梦想终究没有能够实现。女儿出生后，这位母亲把希望完全寄托在孩子身上，希望孩子可以帮助自己来实现这个梦想。

女儿确实是一个可爱、漂亮的女孩，对舞蹈也有很大的兴趣。于是，这个母亲在孩子 5 岁的时候，就把她送入了舞蹈班。可是，孩子毕竟是太小了，芭蕾舞又需要苦练基本功，孩子怎么可能短时间有所收获。

然而，这位母亲对孩子的期望实在是太高了，看到孩子进步不大，就时常严厉地批评孩子，"你看看电视上那些舞蹈家的舞姿多么优美啊，气质多么高贵呀，你跳得怎么那么难看！一点都不像小天鹅，就和丑小鸭一样""你怎么没有继承我这么好的舞蹈天赋，看来你根本就不是练舞蹈的料"。

事实上，舞蹈老师说女儿是有舞蹈天赋的，假以时日必定会成为优秀的舞者。就是因为年纪小、练习的时间短，所以才有些动作不标准。这位母亲却只看到了孩子的不足，便给孩子贴上了"不是这块料""太笨"的标签。时间长了，孩子的自信心受到了严重的打击，自己也认为自己不适合跳芭蕾，即便再怎么努力也不可能实现这个梦想。

之后，女儿就像变了个人似的，不仅对芭蕾失去了兴趣，每天练功敷衍了事，还越来越自卑、沉默寡言。不管做什么事情，女儿都没有信心。老师让她参加英语作文大赛，她连忙推托说："我不行，我肯定得不了奖。"事实上，她的英语成绩很不错，尤其是作文写得非常出色。这位母亲想给她报个绘画班，她嘴上说没有兴趣，不想学，其实心中嘀咕说："我不是那个料，学习画画也没有什么用。"

就是因为这位母亲的偏见，给孩子贴上了"太笨""不是这块料"的标签，让一个原本自信聪明的孩子变成了自卑、丝毫没有自信的孩子，更毁了孩子美丽多彩的舞蹈梦！说起来，真是让人唏嘘不已啊！

不幸的是，现实中，这样的父母并不在少数。他们往往因为孩子单个行为的缺陷就给孩子贴上"差劲""太笨""没有天赋"的标签，却完全忽视了全面系统地了解孩子。要知道，孩子就像是一张白纸，父母画上什么颜色，这张白纸就会呈现什么样的颜色。一旦父母因为自己的偏见，给孩子贴上了负面的标签，那么就相当于给孩子定性，让孩子自我定格。而这样的自我定格一旦形成了就很难再改变了，将会伴随着孩子的整个人生。

因此，父母想要让孩子健康成长，就快些放弃自己的偏见，不要随便给孩子贴标签。如果你的孩子喜欢跳舞，但是却没有好的身姿，不要说她"没有天赋"；如果你的孩子喜欢钢琴，却时常弹错了音符，不要指责她"太笨了"；如果你的孩子喜欢画画，但是却没有所谓艺术家的气质，也不要给她贴上"不是那块料"的标签……因为这些标签会毁了孩子美好的梦想，更会随随便便地摧毁孩子的自信心和求知欲。当孩子对某件事情有兴趣，却又一时做不好的时候，不妨告诉他："孩子，如果有兴趣，就去试一试吧！我相信你有这个潜能，只是还没有被挖掘出来。只要你付出了努力，尽可能做到最好，那么就可以了。"

不要给孩子贴上负面标签，要学会欣赏孩子，并且做孩子潜能的发掘者。这不仅是一种高明的教育手段，更是给孩子营造美好人生的关键。当然，不仅是坏标签，好标签也要谨慎。因为，这些看起来对孩子有好处的美丽标签，却可能成为孩子成长的枷锁，让孩子在一片赞扬声中失去了本性，变得浮躁和功利，一心只为了做个"好孩子""聪明能干的孩子"。这对于孩子的健康成长也是不利的。

每个孩子都有飞翔的梦想和翅膀，我们没有理由拒绝他们飞翔，更不能给他们贴上"注定飞不起来"的标签。对自己的孩子说："大胆地去做吧，你可以的！"也许很多年之后，就会眼前一亮地发现，原来他已经成为天空中飞舞着的那只最美丽的蝴蝶。

将自信种在孩子的心里

　　绝大部分父母在教育孩子的过程中，往往将注意力集中在学习成绩的提高，技能才艺的训练上。当然，这两方面的培养固然重要，然而，忽视了孩子自信心的培养，纵容孩子一些不自信的表现，或是时常打击孩子的自信心，也是错误的教育方式。

　　教育没有固定的模式，因为每个孩子的个性、能力、天赋都是存在区别的。但是我们教育孩子的初衷却是相同的，那就是让孩子成为优秀、健康、快乐的人，让孩子实现自我的价值，活出生命的精彩。父母要知道，想要实现这样的目的，就必须将自信种入孩子的心里，让孩子真正相信自己。

　　可事实上，我们在很多十几岁孩子身上却看不到自信，他们不管做什么事情都唯唯诺诺，不满意自己的表现；他们不敢表达自己的想法，生怕别人笑话自己幼稚可笑；他们从不主动向老师提出问题。总之，在这些孩子身上，总是有一个显著的特点，那就是始终被自卑的情绪围绕着，认为自己永远都不可能优秀。

　　诗诗是个聪明的孩子，但就是缺少那么一点自信。很多时候，诗诗和同学们讨论问题，明明自己是正确的，但是当看到好几个人的答案一致，唯独自己答案不一样的时候，就会开始怀疑自己，默默地改掉自己的答案。等到老师公布答案的时候，诗诗又会在心里说："我真的算对了。我就知道我是正确的。"可是，她当时为什么没有坚持到底呢？说白了，就是对自己不相信，不敢和同学们争论。

有一次，诗诗和朋友到郊外旅行，爬山游湖。上山的时候，两人看好了较近的路线，又好走又方便。可下山的时候，朋友却选择了另外一条路线，诗诗忙说："我们走错了，这条路线不是最近的，而且比较难走。"朋友肯定地说："没错，我们刚刚就是从这条路线上来的，这么快你就忘了。"这时候，诗诗又开始怀疑自己，心里想着应该是自己记错了，所以再没有提出任何异议。可事实这就是一条错误的路线，诗诗是正确的。然而因为诗诗的不坚持导致她们绕了很多的冤枉路，回到家的时候已经很晚了。

这样的事情实在是太多了。诗诗其实还是非常优秀的，可是她就是从来没有相信过自己，总是跟随在别人的身后，遇到事情也总是最先放弃自己的意见。虽然她也已经意识到了自己的问题，但是不自信已经成为一种习惯，想要坚定地相信自己，大胆地做自己，已经是非常困难的事情了。

不自信让孩子不敢表达自己的想法，不敢坚持自己的主见，更严重的是，在孩子心中逐渐形成了一种自卑、自惭形秽的心理。我们可以断言，如果诗诗不消除自己的自卑心理，让自己变得自信起来，学会欣赏和相信自己，那么就永远也不会出类拔萃。即便她头脑非常聪明，即便她还算比较优秀，可时间长了，她那些聪明、优秀就会慢慢地被不自信磨灭了。

坦白说，像诗诗这样的不自信并不是天生的，而是父母后天的教育不当造成的。这也不是一天两天形成的，而是长时间形成的一种心理和习惯。父母不妨反思一下，如果自己平时总是用挑剔的眼光来看待孩子，总是注意孩子的弱点，孩子如何自信？如果父母容忍不了孩子暂时的落后和失败，一看到孩子落后和失败就呵斥、打骂，孩子的自信心如何不受到打击？如果父母总是不信任自己的孩子，总是拿别的孩子来刺激他，说自己的孩子比别人差，那么他怎么不对自己产生怀疑？

正是因为父母教育的不当，孩子才变得越来越不自信，才越来越对自己产生怀疑，"我真的不如别人""我真的不够优秀"，而这种不自信的暗示就像是慢性毒药会渐渐腐蚀孩子的心灵，最后甚至连自我都会失去。

诚然，现实生活中确实也有很多本来性格就比较自卑、懦弱的孩子，他们天生就胆小、不自信，更不敢自己主动去做一些事情。面对这样的孩子，父母更需要鼓励和欣赏了，因为这样的孩子心理更加脆弱、敏感，受不得一丝丝的刺激和打击，信心的建立也是比较困难的。这时候，父母的鼓励和欣赏就是孩子走出自卑，提升自信的动力，更是孩子改变自己、完善自己的力量源泉。

所以，有大格局的父母从来都不会打击孩子的自信，更不会过于苛责自己的孩子。他们总是用欣赏的眼光来看待孩子，重视孩子的优点，当孩子不自信的时候，他们会用积极的态度告诉孩子——你是最棒的，你能行。他们会将自信种在孩子的心里，然后通过日常一点一滴地浇灌，让这份自信生根发芽、茁壮成长，让孩子在"我是优秀的"心态中成长。在这种心态的影响下，孩子怎会不抬头挺胸，大步前进，怎会不对未来和所有事情充满信心，从而获得更大的成功呢？

别胡思乱想，按我说的才不会出错

孩子的天性是对一切事物感到好奇，什么东西都要去看一看、摸一摸，又充满了丰富的想象力，动不动就胡思乱想、异想天开。就是因为这种强烈的好奇心和异想天开，时常把父母问得焦头烂额，把家里也弄得乱七八糟。所以，父母总是大声训斥孩子"不要乱动，小孩子家怎么这么淘气"，或是无奈地说"你就会胡思乱想，这样是不行的。按照我说的，才不会出错"。于是，孩子的好奇心和想象力就在这样过度的保护和粗暴的呵斥下被扼杀了。

事实上，很多父母的想法和做法是矛盾的。他们希望孩子有卓越的创造力，并能够发挥与众不同的才能，但是却在日常生活中要求孩子按照自己的思维去做事，扼杀孩子的好奇心和想象力。

父母应该明白一个道理：任何条框的设定都是最容易限制一个人的想象力的，对于孩子来说更是如此。这就好比是一张白纸，如果我们没有任何限制，那么它上面可以画上缤纷的色彩，也可以叠成各种造型；但一旦我们限定了它的用途，就没有太多的发挥空间了。

就拿绘画来说吧，父母希望孩子能够发挥自己的想象力，画出与众不同的作品。可是，当看到孩子进行绘画的时候，父母时常在一旁念叨着"你画的是什么啊""这里的线条是不是应该细一些""云彩为什么是蓝色的"……在这个过程中，父母给孩子拟定了一个又一个条条框框，以至于孩子不再把头脑中的即兴片段画出来，而是按照父母的暗示进行模拟。事实上，这样的画作已经不是孩子自己想要表现的作品，而是父母想要孩子画出来的东西。

香香从小就喜欢画画，因为她的脑袋中总是充满了奇思妙想，所以画出来的画也天马行空：彩色的云朵、五颜六色的城堡、在天上飞的大象、在水里游的兔子……

开始妈妈觉得孩子的画非常有意思，时常鼓励她多画些自己喜欢的作品。后来，妈妈看孩子在绘画方面有兴趣也有天赋，便给她报了绘画班。当香香接受了一段时间的专业指导后，妈妈看到孩子还是会画一些非常"荒诞的东西"，于是便对孩子说："宝贝，你现在得认真学习画画了，不能像以前那样想到什么就画什么，否则怎么提高自己的基本功呢？"

在妈妈的指导下，孩子开始练习基本功，什么线条、弧度、色彩搭配，等等。等孩子上了中学后，绘画基本功得到了很大提高，作品也是绘画班中最出色的，还几次在学校举行的绘画比赛中拿到奖项。但是，妈妈却发现，现在孩子画的作品和以前的作品比起来，好像缺少了什么东西。

于是妈妈便请教一位画家朋友，得到的答案是："香香确实具有绘画的天赋，基本功也比较扎实，但是作品却少了些想象力和新意。如果孩子能发挥自己的想象力，那么画作将更加出色！"这时候，妈妈才知道，原来自己所谓的指导反倒是害了孩子，束缚了孩子的想象力。

人们常说，因为思考，才会想象；因为想象，才会去实践和创造。对于孩子来说，让他们发挥自己的想象力才是最重要的。很多绘画大师看到孩子们的信手涂鸦之后，都不免产生这样的感叹："孩子们怎么能有如此惊人的创造力。"一位世界级的画家曾经这样说过："我花费了一生的时间才学会了像孩子那样画画！"这是因为孩子绘画完全是随性的，充满了奇思妙想，不受任何约束。而成年画家，即便是世界著名的画家，在经过了十几年甚至几十年的绘画技巧的练习之后，也难以摆脱各种条框的限制，束缚了自己的想象力和创造力。作为父母，应该遵循孩子的天性，欣赏和呵护孩子的想象力，这才是他们身上最宝贵的东西。

　不仅绘画如此，任何事情都是如此。当孩子做出奇奇怪怪的事情时，父母不要哭笑不得地骂上一句"傻瓜"，或是急忙批评或是制止；当孩子天马行空爱做梦的时候，父母也不要说孩子的想法是不切实际的"幻想"；当孩子总是不按常理出牌的时候，父母也不要责怪孩子"另类"……这些在父母们看来"荒诞"、"愚蠢"的想法和行为，其实都是孩子们想象力和创造力的体现，更是孩子们身上最宝贵的东西，将来也将成为他们人生中最宝贵的财富。

所以，父母在教育孩子的时候，不要给孩子太多的限制，更不要对孩子说"你不能胡思乱想，你得守规矩""你得按照我说的来做，这样才不会出错"。确实，孩子按照父母说的或许不会出错，或许不会做出让人啼笑皆非的傻事，但是他们的创造力和想象力也因此被泯灭了。等到孩子长大成人的时候，父母即便再想让孩子走一条别人没走的路，他们也没有那个能力和勇气了。

如果说孩子的想象力是一双翅膀的话，父母就应该多给予保护，并且鼓励孩子每一次的突发奇想，以便让孩子飞得更高更远。父母可以让孩子学会打破常规，激发孩子的好奇心，善于从生活中助长孩子的想象力。同时，孩子接触的东西越多，想象力的空间就越大，创造力也就越强。父母想要培养孩子的想象力，就应该先开阔孩子的眼界，让孩子接触更多的事物和思想。

当然，父母也不应该操之过急，急于让孩子表现出太大的想象力和创造力，这样做只能是适得其反，让孩子的创造天性在急功近利的家庭教育下逐渐泯灭。父母应该尊重孩子的天性，给他们足够的成长空间，让他们发挥无穷的想象力。

作为具有大格局的父母，从孩子的角度出发吧。因为父母只有走进孩子的世界，与孩子一起异想天开，孩子的世界才会更精彩！

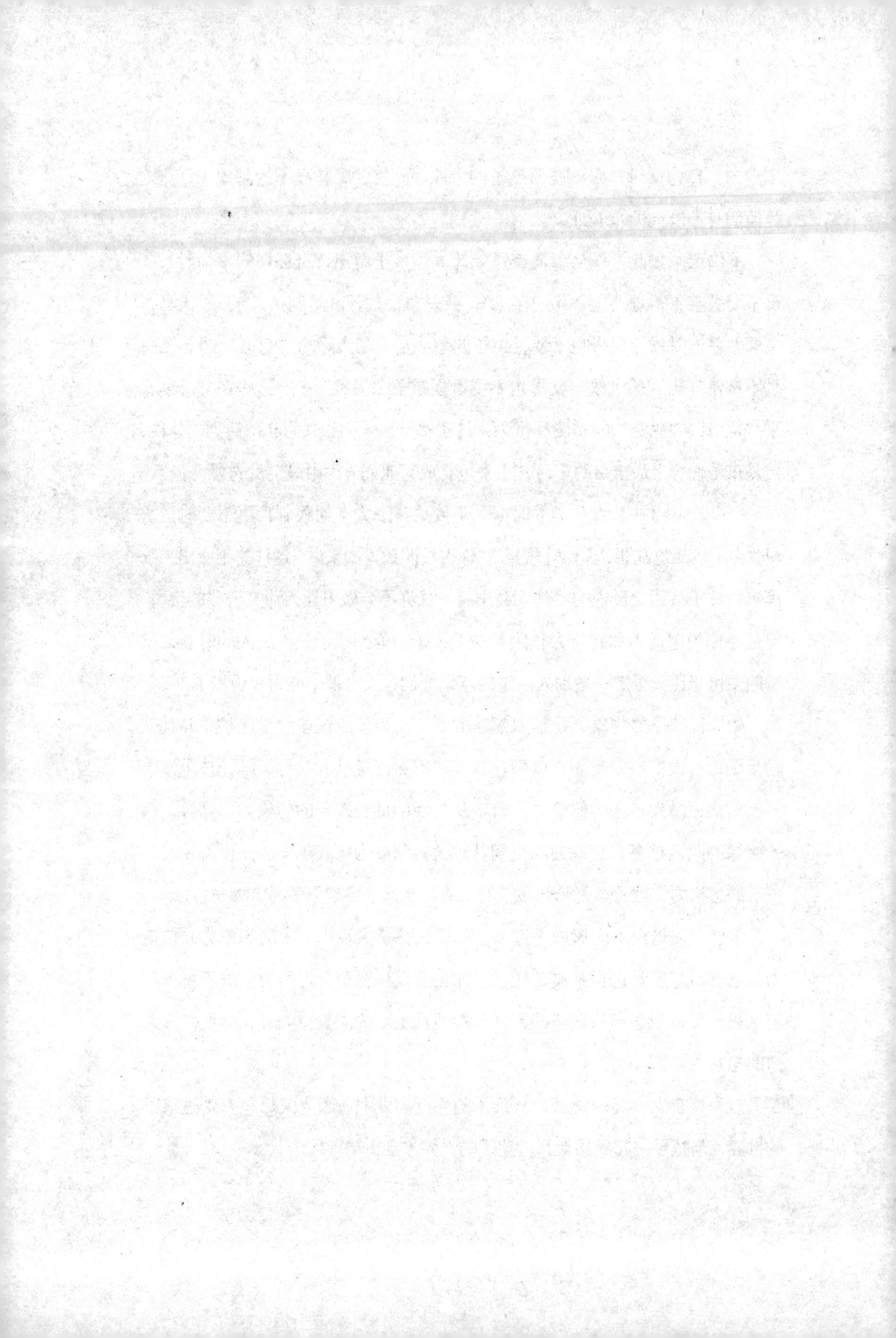

第二章

涵养：父母的心平气和
是对孩子最好的滋养

不小题大做，不计较鸡毛蒜皮，不纠结于他人过失……这样的
父母在任何时候都能充满理性地跟孩子进行交流和沟通，孩子在潜
移默化下也定能保持心平气和，这是一种广度的涵养，这样的孩子
运气永远不会太差，未来的路也一定越走越宽。

一怒之下踩石头，只会痛着脚指头

当父母无缘无故对你发脾气，甚至动手打你的时候，你心里会如何想？

当戴安娜6岁的时候，她心里想的是：希望妈妈早点死掉。

或许很多父母觉得非常震惊，一个小女孩怎么会有如此可怕的想法。其实，如果我们了解了戴安娜的故事，或许就不会如此想了。在戴安娜的眼中，妈妈是一个非常可怕的人，脾气非常暴躁，情绪随时都会失控，动不动就会责骂甚至是打她和姐姐。而每当这个时候，戴安娜不是躲在桌子底下就是藏在卧室的角落里，心里希望妈妈早点死掉。

也许你会觉得，可能是戴安娜和姐姐太调皮了，妈妈忍无可忍才会冲她们发火。可事实上，姐妹两人非常乖巧和聪明，很少做出过分的事情来。而且，不管姐妹两人做得多好、多优秀，妈妈永远都会找到新的理由来责骂她们，动不动就会向她们发泄自己的怒火。

慢慢地，戴安娜开始想："是不是我是多余的？""是不是我真的非常糟糕？""是不是我从一出生，发出第一声啼哭就是一个错误，就让妈妈感到失望和生气？"于是，她开始逃避，开始避免与妈妈接触。不管妈妈提出的要求有多么过分，她都会尽量去做，去努力，因为她知道只有这样自己才能躲避妈妈的怒火和责骂。可即便是这样，妈妈的责骂也从来没有停止过。

慢慢地，戴安娜长大了，为了逃避妈妈，她在17岁的时候就和交往了3

个月的男友结了婚，搬到了英国生活。因为她觉得这里没有妈妈，没有责骂，没有怒火，更没有压抑的生活。可是，她错了，丈夫也是一个暴躁的人，时常挑剔她、责骂她。这时，戴安娜再次选择了逃避，躲进了自己的"壳子"中，尽量顺从、逃避丈夫，尽量避免与他发生冲突。就这样，她的婚姻只持续了5年，而这时戴安娜也有了自己的孩子，一个女儿一个儿子。

离婚之后的戴安娜，由于生活的各种压力也变得和妈妈一样暴躁，控制不住自己的怒火，动不动就对自己的孩子发火，动不动就打骂孩子。一开始，她并没有意识到自己的变化，直到一次偶然的机会，她发现了自己小时候写的纸条：当我成为妈妈后，我绝对不会对孩子发火，绝对不会轻易打骂他们，责骂他们搞砸了一切。这时候，她才发现自己虽然讨厌妈妈，也急于离开妈妈，可是在无形中她的性格和心理却被印上了妈妈的印记，成了像妈妈那样的人。

当然，故事的结尾是好的，戴安娜发现了自己的问题，也及时看医生、调整心态，让自己避免了妈妈的悲剧。同时，她还积极帮助妈妈，尝试着和妈妈沟通，及时让妈妈避免用错误的方式对待她的孩子。渐渐地，妈妈也有了改变，脾气不再那么暴躁，不再动不动就发火。

戴安娜把自己和妈妈的故事写成了一本书，名字叫作 *MOM, MANIA, and ME*。这个故事真的非常值得父母们思考和反思。虽然故事是从一个孩子的角度展开的，但却揭示了一个最普遍的教育问题。我们不妨想一想，自己是不是扮演着戴安娜妈妈的角色，让自己的孩子成了可怜的戴安娜？如果不是戴安娜发现了自己的问题，并且做出了改变，那么她的孩子会不会又变成了另外一个妈妈？这个结果是可想而知的。

人们常说，父母这个职业是最简单的，不需要培训就可以上岗，只要可以生育就可以。可是，父母这个职业却也是最复杂和深奥的，因为你的教育会影响孩子的一生，会直接关系到他的道路是否越走越远，他的人生是幸福还是不幸。

如果父母能够平等地和孩子交流，自然就会拉近和孩子的距离，让孩子乐于倾诉自己的心事，更可以让孩子变得更自信、更温和。可如果父母像炮仗一样一点就着，无法控制自己的怒火，那么就会让孩子变得越来越胆小，越来越怯懦自卑，甚至让孩子从此变得自闭起来。还会像以前的戴安娜一样，也变成一个容易暴躁、容易发火的人，然后将自己的悲剧传给自己的孩子。

怒火和发脾气对孩子的杀伤力是非常大，一位教育学家就曾经说过这样的话："家庭中累积的愤怒对孩子青春期的几乎每个重要时期都有影响。愤怒会投下长长的阴影，不仅有即时的杀伤力，而且会损伤孩子的情商和社会性。"如果父母不想伤害到孩子，那么就尽量控制住自己的情绪，不要动不动就冲着孩子发脾气。

事实上，很多时候，每次冲孩子发完脾气之后，父母自己也会感到非常内疚，担心自己的愤怒会伤害孩子的心理健康。于是，事后这些父母就会郑重地告诉自己，以后决不再对孩子发火，绝不大声喊叫，甚至做出惩罚自己的事情。但是，当孩子继续任性胡闹的时候，愤怒仍然会无可避免地再次袭来，自己的情绪仍然会无法控制。以至于孩子逐渐疏远父母，加深对父母的恐惧，从而导致亲子关系越来越差。

就像是一怒之下踩石头，脚指头也会疼痛一样。动不动就向自己的孩子发火，不管对孩子还是父母都是一种伤害。更何况，人们不是常说，愤怒只是无能的表现，除了发泄负面的情绪，只会显示你没有涵养和气度。在教育孩子这方面，愤怒对于教育孩子根本没有太大的用处。

诚然，在教育孩子的过程中，让父母怒不可遏的事情肯定是存在的，父母因为孩子的顽皮捣蛋而发怒也几乎是无法避免的。尤其是叛逆期的孩子，不知什么时候就会做出令父母抓狂的事情来。可是，不管父母想要冲孩子发火的时候，或是动手打孩子的时候，都应该努力让自己冷静下来，避免让孩子受到不必要的伤害。

　　冷静下来，让自己深呼吸，真的是很有效的方法。如果父母发现自己有愤怒、发火的前兆，那么就提醒自己闭嘴，心里数 5 个数字，然后深呼吸 3 次，等到自己冷静下来之后，再和孩子交谈。

　　相信，当你做出改变，控制自己的怒火之后，孩子也会走近你，愿意主动给你拥抱。

要讲道理，不要大喊大叫

现代生活中，经常有父母管不住自己的情绪，尤其是看到孩子顽皮或是犯错误的时候，动不动就大声呵斥孩子，对着孩子大喊大叫。比如，当孩子穿着鞋子踩在沙发上时，父母便会大吼大叫地训斥道："你给我下来！不许穿鞋踩沙发！"当孩子因为想要超市中的玩具而耍赖皮时，父母往往会忍无可忍地大声命令："不许哭！这孩子怎么这么不听话！"

我们相信，很多父母都不是故意对孩子大喊大叫，都不是故意想要伤害孩子，只是一时的情绪失控才如此。可遗憾的是，从某种程度上来说，大喊大叫已经成为新的一种体罚方式。

很长一段时间以来，基于体罚对于孩子身体和心理都有一定的伤害，很多父母决定不再体罚孩子，或是不再打孩子。当孩子淘气或是犯错的时候，他们又不知道该怎么办，于是就采取了大喊大叫的方式，训斥和制止的孩子的犯错。他们或许觉得这样的方式不仅可以让孩子听从自己的管教，树立自己的威信，还避免了体罚孩子的不良影响。可他们不知道的是，这种大声地呵斥也是一种变相的体罚。

有些父母信誓旦旦地保证自己会采取温和的方式来教育孩子，会选择讲道理、劝解的方式来对待孩子。可一旦说一次不听，再说一次还不听，父母的情绪就会失控，失去了讲道理的耐心，而对孩子发火，甚至是大吼大叫。

也就是说，虽然一些父母放弃了传统意义上的体罚打骂孩子，却让大喊大叫成了新的体罚方式。这不仅给孩子身体和心理健康都带来极大的危害，还破坏了父母与孩子之间的亲子关系，让孩子的心与父母越来越疏远。我们相信，这些都不是父母愿意看到的，但是这样的事例却每天都发生着。

一天，王聪正在院子里踢球，不小心将家里的玻璃踢碎了。他立即向妈妈承认错误，原本以为妈妈会原谅自己。可谁知，妈妈异常愤怒地大声骂道："早就说了，不要在院子里踢球！你就是不听！下次再看到你在院子里踢球，看我怎么揍你！"

原本，王聪已经向妈妈道歉了，可还是被妈妈大声训斥了。他感到非常委屈，觉得妈妈太不讲道理了。从那之后，不管妈妈说了什么，他都不往心里去。每当妈妈大喊大叫地教育他，不准他这么做不许他那么做的时候，他都在心里说："你尽管大声骂吧！反正我就是坏孩子，我不会听你话的！"就这样，王聪和妈妈的关系陷入了恶性循环之中。妈妈越大声训斥他，他就越叛逆，而他越淘气捣乱，妈妈就越无法控制情绪，忍不住对他大喊大叫。

其实，王聪本来已经认识到了自己的错误，并且及时向妈妈承认了错误。如果妈妈用心平气和的方式和孩子沟通，只是点拨一下孩子不要在院子里踢球，那么问题就会得到完满的解决，相信王聪之后也不会再犯同样的错误。可是，妈妈却采用了相反的、错误的方式，不顾孩子的认错态度，一味地对孩子大喊大叫，使得事情变得越来越糟糕。

我们不得不承认，大喊大叫是很多父母常用的教育孩子的方式，但遗憾的是，这种教育方式对孩子似乎没有太大的效果，只是大人们负面情绪的发泄。因为当父母第一次大声训斥孩子的时候，孩子也许会如你所愿地被吓住，听你的话改正自己的错误。但是次数多了，孩子就会习以为常了。当你喊叫的时候，或许他正在"神游太虚"，根本没有在听你讲话；或许他正在想"刚才我做的事情很有趣，趁着妈妈不注意，我可以再做一次"；或许他还会想"妈妈就知道大吼大叫，看她的头发都凌乱了，好像头顶在冒火一样"。试问，这样的喊叫，除了让自己情绪失控，还有什么作用？

或许有些父母认为，大喊大叫对于小一些的孩子还是管用的，因为他们通常不像大孩子那样有自己的主意。但是父母想错了，这样的方式对几岁的孩子同样没有效果。大喊大叫会让孩子对父母产生恐惧，同时，当父母因为生气而大声训斥孩子的时候，孩子的精神就会变得紧张起来，大脑就会自动进去逃生机制，使他瞳孔放大、心跳加快、手心出汗。这时，他所有的注意力都在如何逃过一劫，如何避免被妈妈惩罚，根本听不进去你的话。那么，你即便是声音再大也是白费了。

当然，父母还应该注意，大声喊叫还有另外一个后遗症。因为孩子是非常善于模仿的，你经常控制不住自己的脾气，时常大声吼他，那么他也会养成这样的坏习惯，时不时大声吼自己的朋友、同学。而孩子一旦脾气不好，无法控制自己的情绪，以后的生活和学习就会遇到很多障碍，没有好人缘，甚至交不到好朋友。

所以，不管到什么时候，作为父母都要注意自己的教育方式，要心平气和地和孩子交流，和孩子讲道理。因为这才是最好的教育和沟通方式，这才是对孩子最好的滋养。不仅可以让孩子从小就懂得道理，知道什么能做什么不能做，更知道为什么父母会禁止自己这样做。同时，只有不吼不叫的教育，孩子才能主动向父母敞开自己的心扉，父母才能游刃有余地应对孩子的问题，从而赢得他的信任和尊重。

更关键的是，在父母的耳濡目染之下，孩子也能保持平和的心态，培养良好的涵养。如此，孩子之后的道路才能越走越宽。

接纳孩子的情绪，比什么都重要

绝大部分父母在教育孩子的时候，通常会告知孩子，受到了表扬不要骄傲，受了批评也不要沮丧，遇到不顺心的事情更不要乱发脾气。但是，父母要知道，孩子的情绪是由内心而发的，做得好就会兴奋，受到了批评就会难受，遇到不顺心的时候就会生气、郁闷，而生气了自然也想要发发脾气。

况且孩子只是孩子，有各种各样的情绪也是在所难免的。这情绪包括了正面的喜悦、快乐、幸福；当然也包括了负面的骄傲、自满、沮丧、愤怒，等等。身为父母，面对孩子的情绪，尤其是负面情绪，不是以平常心接受，反而采取了压制的手段，或是感到烦躁不已，显然是非常错误的做法。

父母们不妨静下心来思考一下，难道我们大人就没有情绪吗？难道我们就可以很好地管理自己的情绪吗？当我们遇到赞扬的时候，就不会骄傲、心生得意吗？当我们受到批评的时候，就不会沮丧难过吗？在生活中，我们就很少愤怒和发脾气吗？

事实上，很多父母都无法做到这一点。那么为什么要要求孩子做到自己都做不到的事情呢？

诚然，负面情绪对于任何人来说，都不是一个好东西。在它的影响下，人们可能做出一些不冷静的事情，甚至是错误的决定。尤其是处于青春期的十几岁的孩子，都有着些许的叛逆思想，容易滋生出各种各样的负面情绪，因为心智的不成熟而无法更好地控制和管理好自己的情绪。

但是，这时候，父母要做的并不是否定它，要求孩子压抑自己。这只会让孩子更加烦躁，甚至会否定自己，做出伤害自己又伤害别人的事情来。父母首先应该告诉自己，任何情绪都是孩子真实感受的体现，是生理和心理的本能反应，是非常正常的。父母只有接受了孩子的情绪，别把它想得太严重，而不是急着指责孩子、纠正孩子。如此，才能逐渐地帮助孩子正确管理好自己的情绪，不让负面情绪始终围绕着自己。

事实上，很少有父母教会孩子诚实地面对自己的情绪，也很少有父母尝试着接纳孩子的情绪。正因为如此，当父母真正地接受了孩子的情绪，理解和认可了孩子的情绪背后的原因，才能给孩子真正的安全感和信任感。这时候，父母才能够让孩子彻底打开自己的心扉，更愿意接受父母的想法和建议。而父母越是坦然地接受孩子的负面情绪，那么孩子就越容易摆脱负面情绪的困扰，就越能够善于管理自己的情绪，变得乐观向上。

当然，接受孩子的情绪，并不是说要溺爱和纵容孩子，并不意味着纵容孩子无理取闹、肆意发泄。当孩子因为不高兴而摔东西的时候，父母首先应该尊重和接受孩子本身的情绪，告诉孩子"妈妈知道你不高兴"，然后再询问他为什么不高兴，倾听他内心的想法。在交流的过程中，父母应该巧妙地帮助孩子释放情绪，解决问题。最后要让他明白，摔东西的行为是不对的，他可以选择其他合适的方式来释放自己的情绪。如此一来，孩子才不会陷入负面情绪的旋涡之中。

一位名人小时候脾气非常不好，每当发起脾气来就像火山爆发一样，乱摔东西，不管不顾。小朋友都远远地躲着他，生怕被他的坏脾气招惹上。其实，他也知道自己脾气不好，但是就是控制不住自己的情绪。

父母看到这个情况，于是想到了一个方法：给了他一袋钉子，告诉他每次发脾气就钉一颗钉子在木板上。第一天，他就钉下了8颗钉子，很快整块木板就快钉满了。于是，他有意识地控制自己。这时他发现，控制自己的情绪好像比钉下那些钉子还要容易些。之后，他发脾气的次数一天比一天少。

看到这个情况，父母又告诉他，从现在开始每当他能控制自己情绪的时候，就拔出一颗钉子。一段时间后，他把所有的钉子都拔了出来。之后父母拿着那块满是钉子孔的木板，对他说："孩子，你做得很好。但是，你要知道，乱发脾气就像这些钉子也会给别人造成伤害。尽管你承认了错误，也会给别人留下伤疤。"

至此，他才明白父母的苦心，之后始终坚持控制自己的情绪，不再乱发脾气。而他的人缘也越来越好。

在成长的过程中，孩子必然要慢慢学会控制自己的情绪。这不仅是孩子自身意志发展的标志，也是孩子日后能够在社会上生存、发展的必备条件。如果一个孩子的情绪控制力很差，那么他就会表现得任性、冲动，将来对于人生发展都是非常不利的。

但是，错的不是情绪本身，也不是孩子释放自己的情绪的行为，而是父母对待情绪的态度。孩子表达出来的情绪，就是他内心想法传递的信号。如果父母一味地让孩子压抑自己，使其情绪表达不出来，对于孩子的身心健康和成长并没有太大的好处。因为一个人的情绪就像是压力锅中的蒸汽，发散不出来就会不停地堆积、堆积，直到最后无法承受的时候，就会爆炸。所以，父母要学会接受孩子的情绪，巧妙地为孩子的情绪降降温，让负面情绪发泄出来，进一步帮助孩子更好地成长。

接受孩子的情绪，用自己的爱和理解来感受他的情绪，然后加以正确的引导。当父母这样做的时候，不仅给了孩子一个释放情绪的窗口，更在亲子之间建立起了良好的桥梁，让孩子的心更加明媚快乐起来。

永远不要取笑孩子

在现实生活中，总是有一些父母喜欢以逗弄孩子为乐。孩子高高兴兴地唱歌，父母却哈哈大笑地说唱得太难听，就像是鸭子叫一样；孩子比较活泼，喜欢蹦蹦跳跳的，父母则取笑孩子像猴子一样。

事实上，当父母取笑孩子唱歌像鸭子，或是行为像猴子，从而导致孩子自尊心受损、心灵受到伤害的时候，父母就笑不出来了。当孩子因为父母的取笑而产生敌对情绪，或是憎恨父母的时候，父母就更笑不出来了。而且，这并没有什么好笑的。孩子所有的表现都是天性使然，他们高兴所以会唱歌，他们天真活泼所以会蹦蹦跳跳。如果父母在这个时候取笑他们，那么孩子就会形成这样错误的认识：我是不是做错了什么？我是不是很糟糕？爸爸妈妈是不是觉得我很可笑？当他们自己找不到答案的时候，就会对自己产生怀疑，就会失去了信心。

同时，对于孩子来说，自尊心是非常重要的一部分，随着年龄的增长，他们越来越不喜欢别人议论和评价自己。父母的取笑会让他们觉得自己的自尊心受到伤害，会表现出强烈的叛逆情绪，"叫我向东我偏向西"，还会影响到父母和孩子的亲子关系。等孩子到了十五六岁时，独立性与自主性已经完全成熟，这个时候，他们对自尊的追求也达到"顶峰"，从而更加无法接受父母对自己的取笑。即便这份取笑是善意的，是无心的。

十几岁的然然非常喜欢唱歌，平时高兴的时候总要哼唱几句，自从网络上唱吧、K歌等APP火了之后，他就好像是找到了展现自我的舞台，总是将自己的得意作品传到网络上，希望更多人肯定自己的歌声。

一天，他上传了一首李荣浩的《李白》，短短十几个小时，就受到了很多好评，这令然然非常高兴。吃完晚饭之后，他回到了自己屋子里，高兴地哼唱着这首歌曲，心情非常舒畅。这时候，爸爸敲门进来，找他有事情说。听到孩子正在唱歌，不自觉地说了句："这都唱得什么啊！我一句都没有听懂，不知道你每天都唱什么乱七八糟的东西。"

然然反驳说："这是李荣浩的《李白》，现在很流行的。我上传了自己唱的到网络上，还受到很多好评呢！"

谁知爸爸笑着说："你唱得还好听？我怎么觉得越听越像鸭子叫呢！"

然然一听愣住了，心想：我唱歌还好吧，要不怎么那么多人给我好评！可爸爸为什么非要说我像鸭子叫呢？难道我唱得真的很难听？然然的自尊心受到了严重的伤害，他觉得爸爸完全就不懂自己，更不尊重自己。因为这件事情，然然在爸爸面前再也没有唱过歌，和爸爸的距离也逐渐疏远。

很显然，爸爸的取笑让孩子接受不了，深深地伤害了他的自尊心。我们都知道，爸爸是爱孩子的，也许并不是真的觉得孩子唱歌不好听，这只是一句玩笑话罢了。可就是这言不由衷的话让孩子受到了伤害，也让孩子的心里产生了隔阂。

还有些父母总是习惯把讽刺挖苦的话挂在嘴边，不管时间和场合地讽刺孩子，"这么简单的事情都做不好，还能做什么啊！"或许父母的讽刺都是无心的，或许父母的目的是为了激励孩子进步。可是，父母没有意识到的是，正是这样无心的行为，让孩子的心灵受到了极大的伤害，刺痛了孩子脆弱而敏感的内心。

取笑是一把刺向孩子的锋利的剑，让孩子失去了自信心，让孩子自尊心受到损伤，甚至会导致更严重的后果。一位美国教育家曾这样说过："永远也不要取笑孩子，因为没有什么比取笑更能让一个孩子变得无礼、粗暴、心理扭曲了。"

身为父母，我们都爱孩子，可就是无意间因为教育方式的不当而伤害了孩子。所以，身为父母，在教育孩子的过程中，一定要以孩子的心理健康为主，在任何时候都以平和、友善的方式来和孩子交流，不要用取笑和讽刺的口吻对孩子说话。同样的意思，用取笑和讽刺的口吻，与用鼓励和平和的方式来表达，效果完全不一样。你的取笑和讽刺只会让孩子怀疑自己，只会让孩子感到无地自容。既然我们是爱孩子的，为什么又非要用这种错误的方式呢？

更何况，己所不欲勿施于人，我们大人都反感别人的取笑和讽刺，又为什么非要如此对待自己的孩子呢？

所以，当孩子因为天真的本性而做出让人忍俊不禁的行为时，父母千万不要失声大笑；当孩子因为高兴而高歌或是手舞足蹈的时候，父母千万不要取笑他们像鸭子、像猩猩；更为重要的是，当孩子某件事情做得不那么好的时候，父母千万不要因为想要激励孩子，而把讽刺挖苦的话挂在嘴边。因为这只会伤害到孩子。

父母应该学会尊重自己的孩子，不要随意取笑他们，这不仅是对自己孩子的一份尊重，更是良好涵养的一种体现。当然，也只有父母给予孩子尊重，孩子才能从心里更愿意接近父母，更尊重父母。

同时，面对别人对自己孩子的戏弄和取笑，父母也应该理直气壮地拒绝——对不起，请尊重我的孩子，我的孩子不喜欢开这种玩笑。不要怕丢面子，不要怕得罪人，在孩子和面子之间，我们更应该看重孩子。不是吗？

用鼓励和安慰来替代取笑和讽刺吧！换个态度、换个说话方式，你将会看到不一样的孩子！你的孩子将更自信地面对成长和未来！

在别人面前挨骂，孩子也觉得很丢脸

中国有一句古话，叫作"堂前教子，枕边训妻"。这句话出自《朱子家训》，意思是教育孩子的时候要在人前，这样孩子知道了羞耻，就会尽快改正错误不再犯。而对于妻子，应该顾虑妻子的颜面，不能在人前教育妻子，这样才能使得妻子改正错误，夫妻之间的感情更加和睦。

事实上，很多父母好像都沿袭并认同这一教育方式，喜欢在别人面前教训自己的孩子。碰到朋友的时候，当面数落自己的孩子，"你看看这个孩子，从小就不爱学习，现在成绩总是排在后几名，你说愁人不愁人"；或是遇到孩子犯错的时候，不管是在公众场合，也不管有多少人在场，开口就教训孩子，"你怎么这么不听话""又把衣服弄脏了，就不该带你出来玩""别人都好好在玩，你为什么总是犯错误"……

大多时候，父母因为孩子的不听话，不分场合就一顿教训。或许有些父母是无意的，只是当时控制不住自己的脾气；或许有些父母觉得这样的教育方式是非常正常的，只有这样孩子才能接受教训，下次才不敢再造次。

殊不知，当众教训孩子不仅不会让孩子长记性，还是最伤害孩子自尊心的行为，也是最错误的教育方式。要知道，孩子毕竟是孩子，即便是做了再糟糕的错事需要教训，也应该分清时间和场合。因为孩子的内心是非常脆弱的，自尊心又是非常强烈的。而且随着年龄的增长，他们的自尊心会越来越强。如果父母当众教训或是责骂孩子，很容易会使孩子自尊心受到损伤，并且产生抵触情绪和逆反心理。同时，这样的教育还可能让孩子变得越来越糟糕，日后在公共场合表现得更加粗鲁、粗暴无礼，甚至是故意地目无尊长。

要知道，让孩子失去自尊的方法有千千万，可重建自尊的过程却是一个缓慢而艰难的过程。父母在别人面前教训孩子很容易让孩子失去自尊，很容易让孩子变得自卑起来。真的这样了，父母再想要重建孩子的自尊，那么就比登天还难了。

李磊是一个很乖的孩子，学习比较优秀，平时喜欢唱歌，人缘也非常好。学校社团组织了一个歌唱比赛，李磊积极参与并获得了合唱团主唱的位置。接下来的一段时间，李磊每天放学之后都会到社团排练。不过，一天几个同学因为一些小事发生了点小摩擦。平时比较斯文的李磊不知道为什么把一个同学的鼻子打流血了。

爸爸接到老师的电话之后，立即赶到了老师办公室，看到这个同学鼻子堵着纸团，还流血不止，立即就赔礼道歉。虽然对方家长的态度还比较客气，同学也表示双方都有错，但是李磊爸爸还是非常生气。他当着老师、同学和其他家长的面，大声骂道："你真是出息了！这么大就学会打人了！你这么厉害怎么不到其他地方显显身手！"

李磊本来已经承认了错误，可听到爸爸的话就不服气地顶了句嘴："又不是全怨我！他也有错啊！"

爸爸这下更怒了，要不是别人拉着，甚至还要打孩子一顿。"我给你提供最好的条件，是让你好好学习的，不是为了让你打架的。你小小年纪还学会打人了，真是丢人现眼！"事后，尽管李磊跟着爸爸回了家，可内心却受到了伤害。他觉得爸爸可以批评自己，也可以骂自己，但是不能在那么多人面前教训自己。"我已经没有尊严了，在同学和老师面前丢尽了脸面。我还怎么面对他们呢？"从那之后，李磊不再是一个乖孩子，越来越叛逆。

就如同英国作家洛克说过："对儿童进行批评时，要在私下里执行；对儿童的赞扬，则应当着众人的面进行。儿童受到赞扬后，经过大家的一番传播，意义会很大，他会以之为骄傲和目标，并在以后的岁月里更加努力去获得更大的赞扬。而当众宣布他的过失，会使他无地自容，会使他失望，因而父母制裁他的工具也就没有了。"

也就是说，自尊是一个人最重要、最宝贵的东西，一旦孩子失去了自尊，那么就会肆无忌惮了。他的品德会瓦解，他的行为会变本加厉。一些人之所以变成了醉汉、赌徒、乞丐和盗贼，就是因为他们已经没有自尊，已经不再在乎别人的眼光。所以，如果父母不想自己的孩子自尊心受到伤害，那么就必须避免当众教训孩子。

事实上，在一些人的观念中，父母是绝不能在外人面前训斥孩子的，即便是孩子所犯的错误让父母非常难堪，错误非常大，父母也不会轻易在外人面前伤害孩子的自尊心。因为他们明确地知道，这样的行为会使孩子的心里受到严重伤害，会不利于他们的成长。而在他们的心里，与孩子的心理健康相比，这些错误都是不重要的。所以，父母要改变自己的思想和行为，避免在别人面前或是公众场合教训自己的孩子。即便孩子做了再糟糕的事情需要教训他，也应该把孩子带回家。

或许有父母要说，难道孩子做得非常过分，也当看不见吗？不，我们并不是这个意思。当孩子犯错的时候，我们应该及时给予制止，适当地给予警告，但是并不是当众责骂和批评。父母可以把孩子叫到一旁，远离他人的视线，明确地告诉孩子：你刚才的行为是错误，必须停止这样的行为。因为现在有外人在，我不会教训你，但是到家之后，你就要接受教训。

这样一来，孩子的行为不仅可以收敛，还会感谢父母顾全了他的面子。而这样的教育方式，起到的效果要比当面的教训更有效，更让孩子长记性。

　　改变"堂前教子"的思想和习惯吧！你会发现这对于孩子改错和成长真的有很大帮助！

孩子，你要学会原谅别人的错

现在的孩子大多是从小就娇生惯养，养成了以自我为中心的坏毛病。因为以自我为中心，所以孩子很少站在别人的角度上思考问题。又因为不懂为别人着想，所以孩子往往在行为上表现出自私、心胸狭窄、对人不友善等特点。正是因为如此，绝大部分孩子总希望别人能够理解、支持自己，却很少能够主动顾忌别人的感受，能够包容和宽容别人。

一家研究中心曾经对中小学生做过一次调查，其中一个问题是这样的："对于过去欺负过你或严重伤害过你的人，你会选择原谅和宽容吗？"有24%的学生表示绝不原谅或是很难原谅，29.9%的学生表示会选择原谅，其余的56.1%则表示可以原谅，但是绝不会忘记别人给予自己的伤害。

对于现在的孩子来说，能够主动原谅别人的人实在是太少了，能够以一颗宽容之心对待别人的也实在是太少了。可实际上，孩子的宽容心是非常珍贵的，它能够给孩子带来大海一样的胸怀，也能够给孩子带来快乐的成长经验，并且在孩子之后的人际交往、生活事业中起到非常重要的作用。

如果我们注意观察一下，就会发现，那些富有宽容心的孩子往往是善良、温和、惹人喜爱的；而那些斤斤计较、心胸狭窄的孩子往往是自私、偏执、不易为人亲近的。因此，教会孩子宽容是尤为重要的，这不仅可以帮助孩子处理与小伙伴之间的关系，还可以为孩子的将来打下更好的基础。正如美国著名文学家爱默生所说的："宽容不仅是一种雅量、文明、胸怀，更是一种人生的境界。宽容了别人就等于宽容了自己，宽容的同时，也创造了生命的美丽。"

当然，孩子的宽容之心需要父母细心地培养，需要父母播下宽容的种子。只有父母有大格局，凡事懂得为别人着想，不纠结于别人的过失，孩子在潜移默化下才能学父母那样主动宽容和原谅别人，变成一个心胸宽广、性情温和的人。

曾经看过这样一个故事：

在一个度假村的大厅中，一位满怀歉意的工作人员，正在安慰一个4岁左右的小女孩。小女孩显然是受到了很大的惊吓，哭得已经声嘶力竭了。原来，这个小女孩是妈妈带来的，准备参加儿童网球训练课。可是由于当天参加活动的孩子实在是太多了，这位工作人员又是新来的，因为一时的疏忽，把小女孩遗漏在空旷的网球场上。小女孩独自一人留在偏远的网球场，找不到工作人员，也找不到妈妈，受到了很大的惊吓，哭得稀里哗啦的，很是可怜。好在工作人员及时发现，才避免了更严重的事情发生。

就在工作人员安慰小女孩的时候，女孩妈妈来了，看到自己可怜的孩子。

如果你是小女孩的妈妈，会怎么做呢？痛骂那位不称职的工作人员，还是直接向领导抗议？是退出网球训练课，还是要求赔偿？相信很多父母会大发雷霆吧！因为确实是工作人员的疏忽，孩子也实在太小了，并且受到了不小的惊吓。

但是，这位妈妈的做法却令人震惊，也令人感到敬佩。她蹲了下来，把孩子抱在怀中，轻轻地安慰自己的孩子。等到孩子情绪稳定的时候，她温柔地说："宝贝，已经没事了，不要害怕了！那位姐姐因为找不到你也非常紧张难过，你看她也快急哭了。而且她并不是故意的，之前她把你们照顾得也很好，是不是？"

小女孩点点头。接着女孩妈妈说："现在你亲亲那位姐姐吧，安慰她一下。

她确实也吓坏了。"之后小女孩走到工作人员身边，亲了亲她的脸颊，并学着妈妈的口吻说："不要害怕，已经没事了。"

可以说，故事中的母亲是伟大的，因为她不仅宽容了工作人员的失误，而且还将这种美德传递给了自己的孩子，告诉了孩子应该宽容。而小女孩虽然受到了惊吓，但是在妈妈的安慰和教育下，懂得了宽容和原谅。我们相信，小女孩在将来肯定会成为一个善良、友爱、宽容的人。我们也相信，这样的孩子运气永远也不会差，生活也一定会幸福快乐。

而对于孩子来说，从接触这个世界开始，就开始了漫长的学习。由于他们心智不成熟，再加上有一种自我保护的本能，所以当受到别人伤害的时候，就会本能产生愤怒、还击的行为。比如别的孩子打了他，他就会本能地反击；别的孩子抢了他的玩具，他就会本能地以攻击的方式来发泄自己的愤怒，或是强硬地抢过来；别的人伤害了他，即便是无意的，他的内心中也会心生恨意和报复的冲动。

这时候，就需要父母好好地引导孩子，让他们学会原谅别人的过错。当别人的伤害是无意的时候，让孩子学会宽容，尝试着站在别人的角度上。事实上，有时候，父母的一句话就能改变他。如果父母教导孩子宽容，那么孩子在日后的生活中，自然就会多一些宽容；如果父母只会教孩子斤斤计较、睚眦必报，那么孩子在将来也会心胸狭隘，对人不会宽容。

生活中，有很多这样的父母，他们往往担心自己的孩子受欺负，生怕自己的孩子吃亏。当孩子与别人发生矛盾的时候，他们就会愤恨地教训孩子说："他打你，你不会打他吗？你怎么这么懦弱啊？""别人欺负你，你就要报复回去。这样他下次就不敢欺负你了！"有些父母甚至采用了更极端的方式，时常对自己的孩子说："你在学校只要不挨欺负就好了。你打了别人，爸爸妈妈可以给别人赔礼道歉，但是你要是被别人打了，哭着回家的话，不仅得不到安慰，还会受到惩罚。"父母总是教育孩子不吃亏、反击别人，从不教孩子忍让、包容，就更别提教育孩子原谅和宽容别人的错误和过失了。

试问，这样的孩子怎么能学会宽容，树立正确的价值观？

父母要知道，教会孩子爱和宽容，可以说是父母的必修课。因为自私狭隘对于孩子的成长来说，没有任何好处，会让别人对孩子避而远之，更会让孩子失去美好的素质和涵养，失去健康快乐成长的机会。

教会孩子宽容，这样他们才会拥有快乐的人生！

第三章

品性：在孩子心田种上鲜花，
它就不会长出荒草

为人父母，要及早给孩子提供充满美德和善行的成长环境，引导孩子在潜移默化中养成善良、孝顺、谦虚、诚信等品性，这些将有益于孩子成为品德高尚、有所作为的人，步入花香满径的人生之路。

不懂爱的孩子是可怕的，也是可怜的

有人问，在教育孩子的过程中，什么最重要？

能力？情商？教养？心态？还是学习？

不！爱和同情心是最重要的！

一个不懂爱的孩子是可怕的，也是可怜的，他的内心里的感情也将是一片空白，他将变得自私、冷漠、毫无同情心。正如著名教育家卡尔·威特所说："我不想把儿子培养成学识很高却冷漠无情的人，因为一个人一旦失去感情，就会变成一台冷冰冰的机器，无论他有多高的才华，也只不过是充当机器的一块零件而已。不仅是人，连动物都是有感情的。"试想，一个孩子即便能力再强、头脑再聪明、再有前途，却没有爱人的能力，那么又有什么用呢？

应该说，现在的孩子缺乏爱心，是很多家庭所面临的严重问题。但是，仍然有很多父母并没有意识到这个问题。当孩子不关心小朋友，他们认为，现在就一个孩子，受宠惯了，一切就由着他吧，长大就好了；当孩子肆意踢打小动物的时候，他们认为，孩子只是顽皮，觉得小动物可爱，其实他是爱小动物的。岂不知，这些举动都是孩子缺乏爱心和同情心的表现。

这是因为，现在的父母大多对孩子娇生惯养，生怕孩子受了什么委屈，尽量满足他们的需求。正是因为如此，孩子，尤其是独生子女，习惯以自我为中心，自私、冷漠，缺乏爱心和同情心。孩子往往很难为别人着想，无法体会别人的难处和痛苦。所以父母在给予孩子爱的同时，不要忘了对孩子进行爱的教育，培养孩子的爱心和同情心，让孩子的心灵开出更美丽的花朵。

有这样一个故事：20世纪末期，在波斯里亚的一个小村庄里，住着一个普通的家庭，爸爸妈妈带着两个可爱的儿子。爸爸在奥地利工作，一天，他给孩子们带回来了两条金鱼。孩子们非常喜欢这些漂亮的金鱼，每天都细心地照顾。

不久，波斯尼亚战争爆发了，他们的家园被毁灭了，爸爸也为国家献出了宝贵的生命。妈妈只能带着孩子们逃难，临行前她并没有忘记那两条金鱼，而是把它们轻轻地放入一个小水坑中。它们不仅是爸爸送给孩子的礼物，更是两条鲜活的生命。因为在战争面前，生命简直是太脆弱了，也太宝贵了。所以妈妈教孩子们应该珍惜生命，即便只是两条小金鱼。

几年后，战争结束了，妈妈和孩子们重返家园，可这里已经成了一片废墟。一家人看不到任何希望，不知道如何度过接下来的日子。突然，妈妈发现当年放金鱼的小水坑中闪着点点金光，原来是一群游动的小金鱼。孩子们兴奋地说："妈妈，它们就是我们原来的金鱼吗？"妈妈震惊了，或许它们就是那两条金鱼的后代。这让妈妈看到了希望，于是便和孩子们精心照顾起这些金鱼来。

很快，这个故事流传开了，周围的人都赶了过来，观赏这些金鱼。妈妈也不忘记送给那些人两条金鱼，因为这对于战后的人们来说，就意味着爱和希望。没过多久，妈妈和孩子们重建了家园，而两个孩子在妈妈的教育下乐观积极，更愿意帮助别人，一家人过上了幸福的生活。

从这则故事里，我们看到妈妈的爱和善良，哪怕是两条金鱼都不忍心放任它们留在战火中。当周围人争相前来观看这一奇迹的时候，妈妈更把象征着爱和希望的金鱼送给他人。虽然我们无法确定这些金鱼就是他们之前放入的那两条金鱼的后代，但是我们肯定这位妈妈的爱心和同情心。而妈妈的爱心和同情心也感染了孩子，让孩子养成了高尚的品德，收获了更美好的东西。

爱是一个人最珍贵的东西，只要你拥有了爱，并让它在你心里生根发芽，那么就会生长出最美好的花朵。爱也是一切美好品德的根基，只要拥有了爱心，人们才能在潜移默化中养成善良、友爱、孝顺、正直等美德。所以说，对于一个孩子来说，没有什么比爱和同情心更重要的了。

虽然孩子本性是善良的，心灵是美好纯净的，然而我们不得不承认，爱和同情心也是需要后天培养的。父母在教育孩子的过程中，一定要培养孩子的爱心，要懂得爱父母、家人、朋友，甚至是毫不相干的陌生人或是小动物，并且引导孩子关心和帮助别人，同情那些需要帮助的人和小动物。

有爱心的父母也应该是智慧的父母。当孩子对同学的困难或是痛苦没有同情心的时候，父母不妨温和地对他说："这个同学需要帮助，我们帮助他好不好？"或者说"如果你遇到了困难，你是不是也会感到痛苦？"当孩子随意踢打小动物的时候，父母应该让孩子知道小动物也是需要爱护的，也是会痛的。不妨对孩子说："你挨踢了，会不会疼？要是你打它，也会弄疼它的。"

所以说，家是最重要的爱心培育场所，父母是最直接的爱的播种者。给孩子心田上播种爱的种子，并且用行动来引导孩子。当孩子懂得了爱和善良，具有了同心情，他的内心才不会一片空白，面对他人和社会才不会冷漠、自私。而当他付出了爱心，让别人感到温暖之后，自己的内心也会被填得满满的，体会到幸福和快乐的味道。

爱是相互的，教会孩子孝顺父母

可怜天下父母心，在父母的眼中，孩子就是最宝贵的。为了孩子，父母愿意奉献一切，甚至是最后一丝能量。可是，在孩子的眼中，父母又有什么地位呢？孩子愿意为父母做些什么呢？

现实生活中，我们时常看到这样的事情：普通父母辛辛苦苦地工作，每天拖着疲惫的身体奔波于城市之中，可孩子却拿着父母辛苦赚来的钱挥霍浪费，买昂贵的手机、出入高档的商场、吃着美味的食物；父母辛苦将孩子养大，让孩子上大学、给孩子买房子，可即便孩子成家之后还"啃"着父母，不时向父母提出过分的要求；孩子在家中唯我独尊，饭桌上好吃的永远摆在他们前面，电视永远播放他们喜欢的节目，指使着爷爷奶奶或者外公外婆为他们倒水、拿东西，时常对着父母、长辈大呼小叫。

虽然很多父母嘴上说着"现在的孩子真自私，不懂得体谅父母，没有孝心"，可还是没有原则地宠爱着孩子，为孩子付出，把自己的孩子培养成了"小皇帝"。试想，这样的孩子怎么会懂得爱和关心父母，心中怎么会有父母的位置呢？

事实上，现在很多父母在教育孩子方面有很多的误区和缺陷，尤其是爱的教育这一方面。父母总是给孩子无限的宠爱，关心他们、照顾他们、甘心为孩子奉献一切，却很少引导孩子如何爱自己的亲人，以至于孩子变得越来越自私、霸道，对父母没有孝心、对别人没有爱心。

有这样一个故事：

孩子家门前生长着一棵茂密的大树，他每天都在大树下玩耍，春天抱着大树开心得团团转，夏天在树荫下乘凉，秋天摘树上的果实吃，冬天则用树叶、树枝点火取暖。大树无私地为孩子奉献着自己，即便孩子在生气时时常踢它、扯它，也丝毫没有任何怨言。

很快，孩子就到了上学的年纪，可他却还在大树下玩耍。大树问道："孩子，别的小朋友都上学了，你为什么没有去啊？"孩子伤心地说："我没有钱交学费，上不起学校。"大树安慰他说："不要伤心，孩子。这不是什么难事，我身上有很多果子，你摘下来拿去卖了赚钱吧，这样就有钱交学费了。"于是，孩子就靠着卖果子上学、生活，一直到大学毕业。

孩子毕业后，找到了一份不错的工作，大树也很高兴。可是，随着工作的忙碌，孩子很少回到大树的身边，可大树依然无怨无悔，因为它知道孩子需要为了事业、生活而打拼。一天，孩子再一次来到了大树身边，大树非常高兴，刚想和孩子玩耍，就看到他闷闷不乐的样子。大树关心地问道："孩子，你为什么不高兴？"

孩子低着头说："我虽然有了不错的工作，可是却没有能力买房子。我的同学和同事都买了房子，成了家，我却一无所有，如何成家？"大树安慰他说："这没有什么大不了的。我身上不就有那么多材料吗？你把我的树枝砍掉，去盖房子吧！"就这样，孩子砍了大树几枝粗壮的枝干，盖了房子娶了妻子，一家人幸福快乐地生活在一起。

转眼间，孩子到了中年，他的孩子也快上大学了，可他的事业却遇到了瓶颈，再加上家庭和生活的压力，让他感到非常苦恼和郁闷。他再一次愁眉苦脸地到大树下，诉说自己的苦恼："我的同学都事业有成，有的成了老板，有的做上了高管，可就我还是一无所成。我想出国深造，可孩子也需要钱上大学，压力真是太大了！"

大树已经老了，可还是再一次奉献了自己，慈祥地对他说："我还有树干，你拿去吧！"在大树的帮助下孩子出了国，他的孩子也上了大学……可大树却只剩下了一些树根。

很多年后，孩子终于回来了。这时候，大树对他说道："孩子，我老了，现在就剩下一些树根了，再也不能给你什么了。你能陪我说说话吗？"

这个故事真的令人深思。大树是天下无数父母的代表，他们无私地为自己的孩子奉献着，不求回报，可最后却什么也没有得到，甚至连和孩子说说话的机会都没有。我们因为父母的爱和奉献而感动，因为父母的伟大而赞叹。可与此同时，我们是不是也应该思考一下，为什么孩子只知道向父母索取爱，只知道接受父母无私无悔的付出，却没有任何回报的意识呢？

究其原因，就是因为在孩子的成长过程中，父母并没有教会孩子如何付出爱，如何爱自己的父母、亲人、长辈。绝大部分父母都认为，为孩子付出是天经地义的，不求什么回报。虽然这彰显了父母之爱的伟大和无私，但是却造成了孩子缺失爱的教育。

当父母没有教育孩子学会爱父母，孝顺父母的时候，或是孩子无意识地表现出对家长的关心来，家长却以"你有这份心就够了"这样的理由推掉的时候，孩子内心反而会形成这样一个错误的认识，那就是爸爸妈妈根本不需要我的爱和关心。当这种想法深入孩子的内心时，孩子就会逐渐忽略对父母的关心，变得自私、霸道起来，那么他们对父母的索取和冷漠就变得理所当然了。

可以说，爱和孝心是一个人最基本的本能，也是人际关系的第一个台阶。我们很难想象，一个不懂得爱自己父母的孩子怎样去爱别人，怎样去珍惜自己的朋友，怎样帮助需要帮助的人？而一个不孝顺父母的人，不懂得感恩父母的人，在需要帮助的时候，谁会愿意伸出援助之手？

爱孩子，却不教会孩子付出自己的爱，只会害了孩子。其实，孩子本性是善良的，有爱心的，只是在他们成长的过程中，父母没有教会他们爱，使他们只能接受父母、亲人的爱，却不懂得如何爱别人。

父母要知道，我们爱孩子，但是在给予孩子爱的同时，也要让孩子懂得爱和付出。因为这关系着他情感的发展和心理的健康。懂得关爱父母、孝顺父母，孩子才能关爱他人，才能体会爱的美好和伟大。如此一来，在孩子成长的过程中，内心才能充盈着满足感，美德和善良才能在心中生根发芽，才能建立良好的社会关系，在人生的道路上越走越远。

当然，爱的教育是一个长期的潜移默化的过程，不是一朝一夕能够完成的。父母想要让孩子有孝心，懂得感恩父母，就必须放弃说教，在一点一滴中教会孩子付出和孝顺。比如爸爸下班的时候，提醒孩子为爸爸端杯水；吃完饭之后，让孩子承担洗碗的任务；父母生病的时候，寻求孩子的关心……当孩子形成习惯之后，就会主动关心和体贴父母。

更重要的是，这些事也是父母必须做到的。否则，孩子看到父母不能以身作则，他自然也就不会做到了。

谦虚的孩子才会努力上进

现如今一些孩子，尤其是独生子女，他们往往优越感非常强，自己有一点小成绩，就骄傲得不得了；盲目地自信，做起事情来却总是差了那么一点点；有些孩子喜欢争强好胜，事事爱争个输赢，还瞧不起自己的同学；还有些孩子爱慕虚荣，往往喜欢不懂装懂……

与其说孩子骄傲自满，甚至是狂妄自大，还不如说是他们没有真正认识自己。孩子心智还不成熟，无法正确地认识自己，而这也是他们产生骄傲情绪的关键因素。当这种情绪产生的时候，孩子往往会高估了自己的能力，认为自己比谁都优秀；还往往因为自身存在的某种优势而沾沾自喜，只看到自己的长处，看不到自己的短处，并且时常拿自己的长处和别人的短处作比较。

这个时候，父母就应该给予孩子正确的引导和教育，当发现孩子有骄傲自满的苗头时，告诉他们其危害性，适时适当地把孩子"翘起的尾巴"摁下去，教会孩子客观正确地认识和评价自己。同时，父母还应该培养孩子谦虚低调的好品性，并且告诉他们，谦虚的孩子才有机会看清自己，学习他人的长处，弥补自己的不足，让自己不断成长进步。

事实上，没有任何一个人有真正骄傲的资本。因为不管是谁，即便他在某一方面做得特别优秀，出类拔萃，但是在其他方面也会存在着一定的不足和缺陷。没有谁是无所不能、天下无敌的。谁也不能自认为已经达到了最高的成绩而停滞不前，趾高气扬。如果一个孩子因为自己在某方面有天赋，取得了一些成绩，就养成了骄傲自大的不良习惯，那么最终会因为自己的骄傲而影响了前进的步伐，停留在以前的成绩上，终有一天会被别人赶上和超越。

李倩是个初中三年级的女生，有着极强的好胜心理，觉得自己是最优秀的，没有人能够超越自己。她从小的梦想就是当一位著名作家，为此她很积极努力地练习文笔，阅读课外书籍。事实上，虽然李倩年纪不大，但她文笔非常出众，每篇文章都是老师课上必读的范文，还时常被刊登在校刊上。

若李倩能够踏实读书，认真写作，不断地提高自己，相信将来或许就能够成为一位出色的作家。可李倩却由于现在的小成绩夸大自己的天赋，认为自己将来势必成为一位闪耀着光芒的大作家。她时常看不起同班同学，说他们都是平庸的人，写的文章就像是垃圾一样，虽然洋洋洒洒千余字，却找不到一句精彩的格言。

有一次，老师在课堂上同时朗读了李倩和另一位同学的文章。说实在的，这位同学的文章虽然没有华丽的辞藻，但是行文流畅，题材新颖，可以说是非常优秀的。可李倩课后却不屑一顾地说："她写的什么破文章，平平实实，没有一点特色，文笔更是烂透了。她有什么资格和我一起，真是不怕丢人！"

这位同学听了之后非常气愤，但知道李倩一向自负自大，便没有做任何反驳。而随着李倩越来越骄傲自满，看不起其他同学，同学们也逐渐远离她。直到这时，李倩还没有认识到自己的错误，仍毫不在意地说："谁在意和他们交往，他们只是什么都做不好的人罢了。他们不理我、排挤我，其实就是嫉妒我！"

事实上，骄傲自满、狂妄自大成了李倩梦想道路上的绊脚石。虽然她有写作的天赋，但是由于看不到自己的不足，所以忽视了自己能力的提高；虽然她文笔不错，可由于缺少谦虚好学的品质，所以一直停滞不前。

如果有人问李倩将来能够成就作家梦吗？我们相信，答案应该是否定的。

没有谦虚好学的品质，不能在谦虚中不断吸取知识，不断取得进步，她如何实现梦想呢？

著名作家萧伯纳曾说过："一个人无论有多大的成就，都要永远谦虚，不要把自己看得太重，忘记尊重别人。"可以说，谦虚是每个人都需要的美好品性，是孩子努力学习、积极向上的动力，更是孩子为自己创造美好未来的关键。试问，一个孩子小小年纪就骄傲自负，目中无人，那么在学习上和生活上如何进一步探索？如何以积极的态度在知识的海洋中汲取养分？

作为父母，应该帮助孩子戒除骄傲自大的性格特点，然后让孩子认识到，山外有山，人外有人。虽然他聪明、优秀，虽然他在某方面取得了一定的成绩，但是这种成绩只限定在很小的范围内，在一个更大的领域和范围就不算什么了。父母应该开阔孩子的视野，引导他们走出自我的小圈子，这样他们才有机会看清自己，从而不断提升和完善自己，并且以谦虚的态度来面对所有人、所有事情。

另外，父母要知道，太优秀的孩子往往禁不住表扬和夸奖，过多的表扬和夸奖会让孩子产生自负自大的心理。我们并不是要求父母不表扬孩子，而是应该注意表扬的度和方式。有些父母望子成龙心切，看到孩子稍微有点进步就欣喜若狂，赞不绝口，久而久之就助长了孩子的骄傲自满心理。有的父母看到孩子做出了成绩，便夸赞说："宝贝，你真棒。"

其实，父母完全可以在表扬孩子的时候，着重表扬孩子的某种行为，而不是表扬孩子的本身。比如说，孩子考试成绩优异，语文成绩得了100分，父母可以这样说"宝贝，你这次语文考了100分，比上次有进步，真值得表扬"。这样的方式要比笼统地说"宝贝，你真棒""你真优秀"更有效，还可以防止孩子产生骄傲的心理。因为他知道是有了进步才受到了表扬。

人人都喜欢谦虚的人，而不会与自以为是的人为伍。即便是个性张扬的今天，谦虚仍不失为一种伟大的美德。只有养成谦虚好学的好习惯，时常注意到自己的不足，更广泛地学习，并且不断丰富自己的头脑，提高自己的能力，才能够在人生道路上走得更远，有更美好的前景。

父母想要孩子的人生更美好，未来的道路更平坦一些，就来培养他们谦虚的品性吧。帮助孩子不断树立目标，不断提高自己，让他们知道自己原来还需要不断提高，自己的成绩实在不值一提，还是谦虚一点比较好！

"诚实"二字，永远不会过时

父母发现，孩子稍微大一些的时候，不知什么时候就开始学会了撒谎——明明做错了事情，却撒谎没做过；明明没有做作业、偷懒，却理直气壮地说做完了；明明是自己打破了学校的玻璃，却将责任推给了同学……总之，很多孩子养成了撒谎的坏习惯，而且愈演愈烈。

面对这样的情况，父母的教育和引导是非常重要的。虽然说没有一个父母希望自己的孩子热衷撒谎、习惯撒谎。然而，似乎很少有父母找到了合适的教育方法。很多父母察觉了孩子的撒谎行为，却没有给予足够的重视，只是口头上简单地批评一下，然后就让事情过去了。甚至还有些家长认为，孩子还小，撒谎都不是故意的，没有必要深究，孩子长大了就会改正了。

可这样的态度就意味着对孩子撒谎行为的纵容放任，一旦孩子尝到撒谎的甜头儿，就会撒谎成性，到时候想改就难上加难了。因为如果父母第一次纵容了，第二次放任了，那么孩子心里就会形成这样的错误意识：做错事情也没有什么，反正撒了谎就可以蒙混过关。逐渐地，孩子不仅会养成撒谎的不良习惯，犯的错误还会越来越大。所以，对待撒谎这个问题，父母一定不要姑息迁就，要及时告诉孩子这样的行为是错误的，应该引导孩子及时认识并承认自己的错误，然后告诉他正确的做法是什么，如何改正自己的错误。

当然，不姑息纵容也不意味着过于严厉，你越是对孩子说"你不要撒谎，否则妈妈就揍你""你下次再撒谎试试看，看我不打你"，你会发现，孩子的撒谎行为越严重，似乎变得变本加厉了。这是因为，你越是打骂孩子，孩子就会越恐惧和害怕。为了逃避父母的惩罚和打骂，越采取撒谎的方式。这个时候，父母应该冷静下来，思考一下孩子为什么会撒谎，最好是找老师或是相熟的同学了解情况，找到孩子撒谎的动机，心平气和地和孩子沟通，那么问题就不难解决了。

苗苗是个 10 岁的小姑娘，聪明可爱、活泼漂亮。周末的时候，妈妈出去办事，她一个人在家写作业。突然她想起来妈妈刚刚买了一条非常漂亮的裙子，于是爱美的她就拿出来试了试。照着镜子，看着穿着裙子的自己，她觉得漂亮极了。这时，她发现了妈妈梳妆台的化妆品，于是便学着妈妈化起了妆。

之后，苗苗穿着新裙子在镜子面前走来走去，心里甭提多美了，还想着一定让妈妈给自己也买条长裙子。可是，由于裙子太长，苗苗走的时候，不小心踩到了裙角，摔在了地面上，梳妆台上的化妆品也摔碎了。她吓坏了，看着满地的狼藉不知所措。

妈妈很快就回来了，看到这样的情形，不禁问苗苗发生了什么事情。苗苗低着头不说话，突然她看到自己的小猫跑到了自己的脚边。于是就脱口而出："是小猫干的！我写作业的时候，看到它进入了房间，可能是觉得裙子好看就扑了上去，还弄碎了你的化妆品。"

妈妈知道苗苗在撒谎，但是并没有责骂她，也没有深究。晚饭后，妈妈心平气和地找苗苗谈了话，并对苗苗说："你现在是大孩子了，应该知道撒谎是不对的。要知道，诚实是最可贵的品质，一旦丢了它可就很难找回来了。"

苗苗听了之后，心里更加愧疚，想了一会儿便诚恳地向妈妈承认了错误。她说："妈妈，我知道错了，不应该私自动你的裙子，犯了错误还推给了小猫。你能原谅我吗？"

妈妈笑着说："当然。诚实的孩子，敢于承认错误的孩子才是最漂亮的。"之后，苗苗再也没有和妈妈撒过谎。

苗苗撒谎其实是缘于胆怯心理，为了掩饰自己的错误、免受责骂而说了谎。不过，好在妈妈给予了孩子正确的引导，让孩子从心里真正认识了自己的错误。试想，如果妈妈严厉斥责孩子的说谎，或是说"下次再发现你说谎，就揍你"，那么孩子再次犯错的时候，会选择承认错误，还是再次说谎呢？

不管孩子说谎的理由是什么，父母首要的事情应该是让孩子认识自己的错误，并且帮助孩子改正，而不是冲着孩子发火，或是责骂孩子。当然，父母应该认识到，孩子撒谎并不是品质变坏了。一旦父母给孩子贴上了"骗子""坏孩子"的标签，那么对孩子的伤害就是难以挽回的。孩子的心里会想：反正你认为我是坏孩子，那么我就做个坏孩子。之后孩子不仅会变本加厉地撒谎，还会养成其他的坏习惯。到这个时候，父母后悔已经晚了。

德国有句名言：生命不可能从谎言中开出灿烂的鲜花。只有诚实，才能让一个人的生命之花开得更鲜艳；只有诚实，才能让孩子在之后的道路走得越来越宽，有所作为。所以说，不管到什么时候，为人父母的都应该给孩子营造良好的成长环境，引导孩子养成诚实的好品性，要求孩子从小就诚实、说真话，做错事情要勇于承认。一旦孩子发生了撒谎的行为，父母也应该理智地面对，帮助孩子改掉撒谎的坏习惯，如此孩子在潜移默化中才能养成诚实的好品德。

当然，父母的言行举止对孩子的影响也是非常重要的，如果父母时常说话不算话，对孩子撒谎，那么你还奢望自己的孩子诚实吗？因此，父母应该首先端正自己的言行举止，诚实守信，如此才能给孩子树立好的榜样。

要记住，诚实是一个人最珍贵的品质，这两个字永远也不过时。父母只有在孩子的心灵种上了诚实的鲜花，他的人生才不会枯萎。

说话不算数，下次谁还信你

　　《蓝精灵》是小城最喜欢的电影，前两部上映的时候，妈妈都陪着他看了。这一次，新的《蓝精灵：寻找神秘村》上映了，小城兴奋不已，于是缠着妈妈带着自己到电影院观看。妈妈也答应了他，只是没有说具体的时间，工作不忙了便立即带他去看。

　　周五的晚上，小城妈妈回家后，从包里拿出了两张《蓝精灵：寻找神秘村》的电影票，说吃完饭就到家附近的电影院观看。这下，小城可高兴坏了，只是简单地吃了几口饭，就和妈妈兴奋地下楼了。

　　刚到楼下，就看到了同学李冰。李冰热情地说："我刚要到你家找你，正巧就看见你下来了。我已经准备好了，现在就出发吗？"小城这时才想起来，原本自己约来李冰去打篮球，刚才看到最期待的电影票，竟然完全忘记了。

　　正当他不知道怎么和李冰说的时候，妈妈也已经把车子开了过来。看到孩子不自在的样子，妈妈问道："发生了什么事情？你们约好了吗？"

　　小城只好吞吞吐吐地说："我本来和李冰约好了，今天到小区篮球场打篮球。可是，我非常想看这个电影……"

　　李冰惊讶地说："原来你是想去看电影啊！你已经忘了我们的约定？"

　　小城有些尴尬地说："我太想看《蓝精灵》了。这是我期待了好几天的事情，我不想去打篮球了。"

这时，李冰有些生气了，刚要说些什么。妈妈却笑着说："原来是这样啊！这没有什么大不了。既然你已经和同学约好了，那么就应该讲信用，答应别人的事情，说话不算数，别人以后还怎么信你。再说，这个电影还有好几天才下档呢，我们改天再去也可以啊！"

小城看看妈妈又看了看李冰，然后真诚地说："李冰，对不起，我不应该因为电影就忘记和你的约定。我不去看电影了，我要说话算数、信守承诺。"

可能有些家长认为，小城的妈妈做得有些过了，孩子之间的约定怎么能这么认真呢？既然孩子这么期盼看这个电影，推了李冰的篮球约定不就好了吗？这样让孩子放弃喜欢看的电影，岂不是浪费了电影票的钱。

可是，我们应该明白，打篮球虽然是小事情，但是让孩子失去了诚信的美德，那就是大事情了。如果父母纵容或是允许孩子一次说话不算数，对同学和朋友失信，那么孩子将来就会一而再，再而三地做出失信的事情，直至自己的信用消耗殆尽，成为令人讨厌的人。这样一来，孩子和父母损失的就不是两张电影票的钱，而是孩子良好的品行，乃至是一生的前途和幸福。

说话算数，诚实守信是一个人最宝贵的品性，它可以照亮孩子整个人生。如果一个孩子答应了别人的事情做不到，不是找理由推托，就是故意不去做，那么下次谁还相信你，谁还愿意和你交往。或许，有父母要说了，孩子只是孩子，承诺的时候没有考虑情况，做不到也是在所难免的。况且孩子之间的承诺怎么能太较真呢？

如果你这样想就大错特错了。任何良好的品德都是从小就养成的，一个小时候不守信的孩子，习惯说话不算数的孩子，你能希望他长大之后言而有信吗？

正因为如此，父母才必须培养孩子守信的品性，在生活的一点一滴中感染和引导孩子。比如，孩子约好了和同学去游乐场玩、周末去哪个同学家温习功课等，父母都应该监督孩子，让孩子信守承诺，遵守和同学的约定。因为很多时候，越是细小的事情，就越容易给孩子留下深刻的印象，越是生活点滴的感染，就越容易让孩子在耳濡目染之下养成守信的美德。

当然，父母的言传身教是最关键的。事实上，很多父母在平时都会头脑一热地答应孩子的要求，或是为了应付孩子的难缠，或是为了激励孩子努力学习，或是各种各样的原因。但事后，父母很快就把自己的承诺给忘记了，或是根本就没有兑现承诺的打算。就这样，父母轻易地对孩子许下承诺，之后却随便找个理由推托，没有说话算数。这样一来，在孩子的脑海里，父母就会变成一个言而无信的形象，像往常一样信任自己的父母就恐怕不可能了。

要知道，尽管孩子年幼，但他们同样可以察觉到父母的失信。这样的行为不仅会让父母在孩子面前失去了威严、信任，更会让孩子也养成说话不算数的坏习惯。所以，父母想要孩子言而有信，说话算数，那么就必须从自身做起，给孩子树立良好的榜样。不要在孩子面前做出失信的举动，更不要轻易许下自己做不到的承诺。

孔子说："人而无信，不知其可也。"一个人如果失去了信用，那么他还可以做什么呢？信用就像是孩子人生的通行证，为其一生铺垫最坚实的亮色，照亮其未来之路。所以，身为父母，我们才要及早引导孩子讲信用，信守自己的承诺，如此才能步入美好的人生，赢得他人的欢迎和尊重。

"熊孩子"背后都有一个"熊家长"

如果注意一下，我们不难发现生活中类似这样的场景：

在公共场所，孩子无所顾忌地大喊大叫，和同学打闹说笑，丝毫没有考虑影响到别人；

在游乐场所，孩子不排队、硬加塞儿，强抢其他人正在玩的器械；

花园中，看到漂亮的鲜花，随手就摘下一朵，看够了然后就丢在地上；

十字路口，眼看着红灯亮起，孩子却不顾危险地穿过了马路……

遇到这样的孩子，很多人总是会摇摇头，说一句"真没教养"，甚至会把矛头指向孩子的父母"这父母怎么教育孩子的，看把孩子教成了'熊孩子'"。

没错，我们时常说，每个"熊孩子"的背后都有一个"熊家长"。孩子之所以没有良好的修养，没有公德心，完全是父母教育的结果。事实上，很多父母身上有很多不讲公德、没有教养的举动，只是连他们自己都没有察觉到罢了。

我们知道，自助餐有一个规矩，大家排队依次取食物，按照自己的实际需求来取食物，不要太浪费。但是总有一些父母完全不顾忌这些规矩，别人还没有拿好食物，他的手就伸了过去，给别人造成了不便；不管自己的饭量多大，都把盘子堆得满满的。而且自助餐的食物都是定时补给的，可有些人看到某样食物稀少、珍贵，或是自己喜欢吃，就一下子全部拿光，甚至连托盘一起拿走，根本不考虑别人的需求。

我们还知道，公交车或是地铁乘客众多，空间非常拥挤，而座位却是有限的，只能是先到先得。可有些父母却完全不顾及别人的感受，把自己的包放在座位上，等到有人询问的时候，还理直气壮地说"这里有人"。有人，可人去哪里了？直到这人下了车，他们放包的座位上也没有来人。事实上，他们就是为了自己舒服，多占了一个位置。还有些人不管公交车、地铁是公共场所，就完全"放飞自我"，不是脱了鞋把脚放在座位上，就是穿着鞋把座位踩得脏脏的。

虽然这些都是一些很微小的举动，但是，恰恰是在这些细节中，很多父母在公共场合将公德心意识和修养的缺乏暴露无遗。著名教育家斯宾塞曾说过这样一句话："一个人全部品德的基础就是礼仪修养，那些不良的举止，和不礼貌不文明的行为，不但对孩子自身发展不利，而且也会严重危害孩子的品性。"这样的父母丝毫没有公德心、没有教养，孩子在他们潜移默化的教育下，如何形成良好的品性和德行，如何有良好的修养？

琪琪妈妈总是教育孩子不要闯红灯，要等绿灯亮了才能过马路，琪琪也是这样做的。可有一次，妈妈带着琪琪去看电影，过马路的时候红灯亮了，但路上的汽车还没有启动。妈妈赶紧拉住女儿，想要快速穿过马路。

琪琪说："妈妈，现在是红灯！"

妈妈着急地说："电影就要开演了。我们得快点过去！"

琪琪郑重地说："可是，您教育我不要闯红灯啊！"

听了女儿的话，妈妈只好作罢，脸上也显露出尴尬的神情。

我们总是这样说：父母是孩子最好的老师，父母就是孩子的骄傲。可是，有些父母往往会陷入一个教育的怪圈，那就是总教育孩子如何如何，要求孩子达到某种要求，自己却在孩子面前不能身体力行，给孩子做了不好的榜样。而这样的父母不仅不能成为孩子的骄傲，反而会在孩子面前失去威信，甚至将孩子带入错误的轨道。

简单来说，父母说一千句话，也不如平时的一举一动给孩子的影响大。苏联教育家苏霍姆林斯基就曾说过："不要以为只有你们同孩子谈话和教导孩子、吩咐孩子的时候才是在教育孩子。在你们生活的每一瞬间，甚至当你们不在家的时候，都是在教育孩子。你们怎样跟别人说话，怎样对待朋友和仇敌，怎样笑，怎样读报……所有这一切，对孩子都有很大的教育意义。"如果父母有公德心、有教养，那么孩子自然也会表现出优异的行为。比如，父母随手把垃圾放入垃圾箱里，孩子也会这样做；父母遵守交通规则，孩子也会这样做。相反的是，即便父母希望孩子成为彬彬有礼的"小王子""小公主"，总是教育孩子应该讲礼貌、守规矩，讲公德、有教养。但是父母如果没有做好表率，在孩子面前做出不良的举动，比如闯红灯、随地吐痰、插队……那么你的教育对于孩子就没有任何用处，孩子也会像你一样，做出很多不良的举动。

所以，想要孩子有美德、有教养，身为父母就应该给孩子提供充满美德和教养的成长环境，避免那些不良的举止和不文明不礼貌的行为，这样才不会危害到孩子的品行。当父母不再是"熊家长"，具有优雅得体的举止，拥有良好的教养，那么孩子就不会成为"熊孩子"。

现在就做出表率吧！不做"熊家长"，给孩子营造良好的成长环境，让孩子从小养成良好的言行举止，让他的心中开满美德之花。如此才能为他的人生铺就一条金光闪耀的平坦大道。

不要忘了呵护孩子的爱心

如今，越来越多的父母发出这样的疑问："现在的孩子怎么了？父母对他们宠爱有加，可孩子为什么越来越自私自利，不懂得关心他人，更不懂得献出自己的爱心。"其实，孩子并不是生来就缺少爱心的，而是由于父母对孩子的溺爱，让孩子变得越来越以自我为中心。因为父母不适当的教育方式，没有呵护好孩子的爱心，所以让孩子体会不到别人的辛苦和不幸。

在生活中，并不是所有的父母都能呵护孩子的爱心，给孩子灌输善良、同情心的教育。相反，我们时常听到一些父母给孩子"特殊"教育。比如，当孩子看到街上的乞丐而驻足的时候，父母会立即拉着孩子离开，告诫孩子"太脏了，不要靠近他""这些人都是骗子，不是真的乞讨"；当孩子看到电视上有贫困的孩子，想要献出爱心的时候，父母不仅不鼓励，反而打击孩子说"你现在所有的东西都是父母给买的，你拿什么帮助别人""我们自己家都不富裕，你还想着帮助别人"。有的父母甚至给孩子灌输这样的想法，"除了父母，不要相信任何人""这个世界上有很多坏人，你一定要小心提防"……

父母应该反思一下，如果自己不呵护孩子的爱心和善良，反而给孩子灌输一些消极的思想，那么，将在孩子心中埋下什么样的种子呢？事实上，每个孩子的本性都是善良的，但是，这些可贵的品行却就这样被父母无意间或是有意地给剥夺了，使孩子变得自私、缺乏宽容，更没有博爱。我们都希望孩子成为一个正直、善良、博爱、宽容的人，可这样的教育不正是和我们的初衷背道而驰吗？

父母要知道，爱心是一个人最宝贵的，是在心底唤起的良知与感情。一个不懂爱、没有爱心的孩子是多么可怕和可悲啊！所以，父母在给予孩子宠爱的同时，也不要忘了呵护孩子的爱心，对孩子进行爱心教育。

几年前流传着这样一个真实感人的故事：

在加拿大有一个普通的男孩子，他的父母只是普普通通的职员，全家人幸福快乐地生活着。在教育孩子的过程中，父母虽然不能给孩子优厚的生活条件，但是却给予了更多的爱和关心，更重要的是他们让孩子也懂得爱的意义。

这一年，男孩刚刚6岁，就读于居所附近的小学，上一年级。一天，老师对孩子们说："非洲的孩子生活非常贫苦，他们没有足够的食物和药品，没有一件像样的玩具，甚至有很多人喝不上干净的水。因为那里的孩子喝着受污染的水，所以成千上万的人因为疾病而死去。"

孩子们听了老师的话都表现得非常伤心，老师接着说："我们应该帮助那些可怜的孩子，每一分钱都可以让他们的生活变得好些。一分钱可以为孩子们买一支铅笔，60分钱就足够一个孩子两个月的医药开销，而只要70加元（约合380元人民币）就可以帮孩子们挖一口井，让他们喝上干净的水。"

男孩记住了老师的话，他心中想：我一定要为非洲的孩子挖一口井。当他把自己的想法告诉妈妈时，妈妈并没有把钱直接给他，也没有把孩子的想法当成是异想天开。妈妈耐心地对孩子说："孩子，你非常有爱心，但是我们家现在拿不出这么多钱。你能通过自己的劳动来赚取这笔钱吗？"男孩痛快地答应了，于是妈妈再次说："你可以多做一些家务活，比如扫地、洗碗、割草等，慢慢地积攒零用钱，等到钱足够的时候，就可以帮非洲的孩子挖井了。"男孩高兴地说："好的，我一定多多干活！"

接下来的一段时间，孩子开始承担正常家务之外的更多事情，比如说，全家人都出去看电影的时候，他留在家里擦玻璃；哥哥和弟弟出去玩的时候，他打扫卫生；周末的时候，比哥哥早起一个小时，帮助爷爷拣松果；还帮邻居捡报纸、清扫暴风雪压垮的树枝……这个年仅 6 岁的孩子，竟然整整坚持了 4 个月，终于攒够了 70 加元。

然而，当男孩拿着这笔钱来到国际爱心组织的时候，工作人员却说："70 加元只能帮助非洲孩子买一个水泵，如果你想挖一口井，必须捐助 2000 加元。"这对于一个孩子来说，是一个非常大的数目。但是孩子并没有放弃，他开始继续努力攒钱，并且发动朋友和同学来做这件事情。经过一年多的努力，男孩在家人和朋友以及一些爱心人士的帮助下，终于筹集了 2000 加元。而他用这笔钱为乌干达的安格鲁小学捐助了一口水井。

这时候，男孩觉得这件事情并没有结束，因为还有无数人不能喝上干净的水。于是，男孩决定攒钱买一台钻井机，以便帮助非洲孩子挖更多的水井。从此之后，让每一个非洲人都喝上干净的水成了这个男孩的梦想，并且一坚持就是 5 年。

这个孩子的名字叫作瑞恩，而他捐助的第一口井也被称为"瑞恩的井"。他只是一个普通的男孩，但是他的爱心和坚持却让无数人感动和震撼。一时间，报纸和电视争相报道瑞恩的事迹，而他的梦想也成了更多人加入和支持的慈善事业。2001 年 3 月，"瑞恩的井"基金会正式成立，仅仅一年时间，就为非洲的 8 个国家打通了 30 口水井。之后，瑞恩被评为"北美洲十大少年英雄"，被人称为"加拿大的灵魂"，而他的事迹也影响着更多的人去爱和帮助别人。

我们被瑞恩的爱心感动，但是我们也不得不佩服瑞恩父母的做法。他们呵护与珍惜了瑞恩的爱心，并且给予孩子最大的支持和帮助，让孩子实现了自己美丽和伟大的梦想，更让孩子的心田上长满了爱和善良的鲜花。

父母应该呵护和培养孩子的爱心，但不要强迫孩子做贡献。比如在孩子比较小的时候，对自己的物品都有强烈的占有欲，如果父母强迫孩子将自己心爱的东西奉献出来，那只能适得其反，让孩子对付出爱心产生排斥感。

父母应该在日常生活中慢慢地培养孩子的爱心，让孩子在潜移默化中受到影响，如此一来孩子的爱心才是真情实感的自然流露。其实，父母可以带孩子时常到贫困山区走走，或是参加学校组织的"爱心夏令营"活动。

总之，父母就是孩子的第一任老师，更是孩子心灵的引导者。作为父母应该在教育孩子的过程中，让孩子学会帮助别人、理解别人、体谅别人，更应该让孩子懂得欣赏爱和理解爱。因为，孩子只有感受并理解别人的爱，才能在生活中学会去爱，而只有学会了去爱，才能付出自己的爱。

呵护孩子的爱心，它就是在孩子心间种下的最美丽的花朵！

第四章

自制：时间是公平的，你把它花在哪儿，
收获就在哪儿

用现在的努力去换取一个好前途，相信大部分父母肯定是同意的。但每天替孩子安排时间，逼迫孩子做这做那，倒不如适当地放手。让孩子有自由选择、支配、掌控的权利，并从中认识和管理时间。这是一种最轻松也最明智的教育方法，孩子每时每刻过得有质有量，父母就无须再操心费力。

专心做一件事，效率就是最高的

很多孩子都有三心二意的毛病，写作业的时候不专心，在书桌旁没做一会儿就要去喝水，要不就是去厕所；数学卷子还没写完，又想起老师要求把今天刚学过的课文背诵下来，于是便拿起课本；课文还没有背诵下来，他又拿起桌上的零食开始边吃边背诵，结果别人半个小时就可以记住的东西，他却花费了一个多小时都记不住……

可以说，孩子做事不专心，什么都是"三分钟热度"的毛病，让很多父母伤透了脑筋。虽然说，父母时常提醒孩子"不要走神儿""不要三心二意""专心做好一件事"，但是效果显然并不是特别明显。这是因为孩子正处于生长期，缺乏自我控制的能力，缺乏掌控时间和管理时间的能力。他们往往爱由着自己的性子来，想到什么事情就做什么事情，一件事情才做了一会儿就失去了兴致。

小叶从小做事就没有耐心和常性，即便是最喜欢的玩具也从来没有玩过半个小时之上。父母经常可以看到他坐在玩具旁，拿起布娃娃玩了没多一会儿，就扔在了一旁，随后拿起了小汽车；小汽车没玩一会儿，又想要搭积木……妈妈看着孩子如此，时常叹气说："唉！这孩子什么时候能专心玩一会儿，不要这么三心二意！"

妈妈总想着孩子还小，没有耐心，更容易被不同的事物吸引，或许长大了就改善了。可事实上，不能专心做好一件事情是一个很糟糕的习惯，这种习惯往往是孩子小时候就养成的，长大后又把这种不好的习惯延续到学习中。所以，小叶直到上学之后也依然没有改变这种坏毛病。在学习上，小叶上课始终无法集中精神，很容易走神；每次写作业的时候都很慌张，写着语文作业，心中却想着数学卷子的试题，于是还没写完语文作业就着急地做数学卷子。结果什么也做不好，语文作业做得一塌糊涂，数学卷子也是错漏百出。

后来，妈妈将小叶的情况反映给老师，老师也表示这是典型的专注力不够造成的。如果长久下去，不但会影响孩子的学习，恐怕还会对日后的成长和发展有害。妈妈听了心里很着急，却不知道怎么办！

事实上，孩子这种不良习惯的养成，和父母不当的教育方式是分不开的。比如，有些时候，孩子正在画画，父母却让孩子放下手中的画笔去洗澡；孩子正在搭建自己的小房子，父母却在旁边不停地打扰孩子，一会儿让孩子喝口水，一会儿喂给孩子一块水果。孩子从小就如此，父母怎么奢望孩子长大之后能够将全部心思都用在学习上呢？

聪明的父母应该知道，在孩子小的时候，能够维持注意力集中的时间很短，所以出现一会儿玩这个，一会儿又玩那个的行为也是正常的。然而，随着年龄的增长，父母应该给予孩子正确的教育和引导，让孩子养成专心做一件事情的好习惯，必须在完成一件事情之后才能开始新的活动。比如想让孩子洗澡，应该在准备热水前就告诉孩子，画完画之后去洗澡。当孩子在专心做自己的事情时，千万不要在一旁干扰。只有让孩子在点滴中养成专注的良好习惯，在以后的学习中才不会时常走神、三心二意。

而从另一方面来说，很多孩子不能专心做好一件事的习惯，通常是由于分不清事情的重要程度。在面对众多事情的时候，他们觉得每件事情都很重要，因此不知道应该先做哪个后做哪个。这时候，父母就应该帮助孩子做好时间规划，告诉他们做任何事情都应该有个轻重缓急，先做完那个重要的，然后再做其他事情。比如，在完成课后作业的时候，与预习和复习功课相比，做卷子是比较重要的；与预习功课相比，复习当天所学内容是比较重要的。所以，父母要让孩子知道，先完成卷子，再复习当天功课，最后再预习第二天的新内容。只有这样，孩子才能高效地完成作业。时间长了，才能养成一次只做一件事的好习惯。

专心做一件事情，其实就是专注力的培养，是孩子学习和做事是否成功的关键，对于孩子未来人生的发展也非常重要。父母要知道，孩子的专注力要从小就培养，等到孩子长大了，一切养成了习惯，再改变坏习惯就晚了。不要觉得孩子很小，长大了就好了，要知道，不管是好习惯还是坏习惯都是从小养成的。如果父母放任孩子做事不专心，最终孩子什么也学不到，什么也做不好。反之，如果孩子能够在父母的引导和帮助下，改正自己的不良习惯，耐心做好一件件事情，那么他的信心就会受到鼓舞，从而愿意专心做好每件事情。这对孩子以后的学习、生活，乃至未来发展都大有裨益。

总之，对于孩子来说，学习的好坏，学习效率的高低，与孩子头脑聪明与否并没有太大的关系。但是如果孩子总是不能静下心来，专心做好一件事情，那么学习成绩是不可能好的，学习效率是不可能高的。

身为父母，想要让孩子改掉三心二意、做事不专心的坏习惯，就应该要求孩子一次只集中精力去做好这一件事。当这件事完成之后，再做另外一件事。这样才能把事情一件件做好，这样才能提高做事的效率。

今天不走，明天要跑

"今天不走，明天要跑。"这是贴在美国哈佛大学墙上的格言，简单的句子却蕴含着深刻的人生哲理。它告诉我们，今天不努力把自己该做的事情做好，那么明天就要付出比今天更大的努力和艰辛。

在哈佛，学生们都有这样一个共识，那就是每天努力进步一点点，不仅可以充分发挥自己的内在潜能，也能为将来的成功积累更多的资本。的确，今天不努力走，明天就要努力跑了。而有些时候，即便是你再努力地奔跑，恐怕也无法追得上别人。

小威和小强是同一学校的孩子，两人从小就一起玩耍，关系非常要好。小威非常聪明，不管学习哪门功课都是一点就通，成绩也比较优秀。而小强就没有小威那么聪明了，尽管他每天学习都非常用功，上课也认真听讲，但是成绩却很难排在前列。为此，小强内心逐渐滋生出些许的自卑。

小强的母亲却安慰和鼓励他说："如果你总是以他人的成绩来衡量自己，那么你终生都不过是一个追逐者。小威确实比你聪明，但是你却比他有韧劲，比他努力。只要你每天坚持不懈地努力，让自己获得进步，那么最终定能有所收获。"

小强记住了妈妈的教导，他不再为自己的不优秀而自卑，因为他知道，这样反而让自己失去了前进的动力。从初中到高中，他每天都学习两个小时，除了完成老师布置的作业，还额外安排了些学习任务。比如每周背诵一篇英语作文，预习和复习每天所学的知识，多做练习题……当别的孩了在玩游戏的时候，他在做练习题；当别的孩子在看电视的时候，他在背诵英语课文……

而聪明的小威就不同了，他知道自己头脑聪明，知道自己的优势，所以从不想着努力学习。他总是这样说："所有的东西我一学就会了，为什么这么努力呢？"看到小强这么努力，他总是抱怨地说："小强，你很久没有陪我玩了，不学习不行吗？离高考还有那么长时间，你何必让自己那么辛苦呢！"

小强则笑着说："我要抓紧时间学习，因为我没有你那么聪明。如果我现在放任自己，总想着玩，到时候再努力就晚了。我觉得你也应该努力学习，现在虽然辛苦些，但是高三的时候就轻松一些了！"可是，小威却听不进去小强的话，依然我行我素，平时不是打篮球就是玩游戏，完成老师布置作业的时候也是敷衍了事。

时间过得飞快，小威和小强转眼就升入了高三，面临着人生中最关键的时刻。这时候，小强因为长时间的努力学习，基础知识异常扎实，成绩进步非常快。小威则因为当初不努力，成绩很快被很多同学超过。这时候，他感到了危机感，把大量的时间和精力都放在学习上，希望能够提高学习成绩，但效果却并没有那么明显。最后，高考成绩公布，小强以优异的成绩考入了重点大学，而小威的分数只达到了二本的分数线。

我们都说，学习如同逆水行舟，不进则退。小强正是因为每天不断地努力，让自己一点点地进步，所以才换来了优异的成绩。而小威却自恃聪明，平时不努力，放任自己，最后输掉了自己的优势。事实证明，即便你天资卓越，但是今天不去努力，那终生也不会有大的成绩，最后也不过是一个庸才。而那些成功的人，并不一定是聪明的人，而是每天都多走了那么一点的人。这是因为，所有今天所付出的努力，都是为了明天的成功做积累。

所以，父母如果想要自己的孩子有一个好前途，就应该教育孩子，从今天起开始努力，每天都让自己有所收获。哪怕是微小的进步，但是只要你努力了、前进了，那么就可以获得成绩和成长。可是，如果其他人都在努力地向前奔跑，你却停滞不前，想着玩游戏、看动画片，就会被别人远远地甩在后面。到那时，即便你全力以赴地追赶，恐怕也无济于事了。

在平时教育孩子的时候，不要让孩子有"明天我再学习"的拖延想法，更不要让孩子养成懒散懈怠的坏习惯。要知道，这些想法和习惯会消磨掉孩子的努力进取之心，让孩子白白浪费掉很多大好的时间。

虽然说，每个孩子都是父母的宝贝，所以父母疼爱孩子、恐怕孩子受苦的心情是可以理解的。但是，父母应该明白，宠爱孩子并不表示任由孩子为所欲为，任由孩子学习上不努力。如果孩子今天不努力，那么明天势必要付出更多的艰辛和时间。而很多时候，即便付出了更多，恐怕也无法弥补之前荒废的时间，也无法获得很好的成绩。

当然，不仅在学习上，人生道路更是如此。当孩子长大成人走上社会的时候，他们将独自面对激烈的竞争，到时候，他们会发现，有太多的时候，比学习更复杂，比考试更困难。到那时，那些被父母教育努力的孩子，往往就更容易获得更大的收获，也更容易拥有更大的人生格局。

今天不走，明天要跑。身为父母，让孩子用现在的努力来换取一个美好的明天吧！

你不辜负时间，时间也不会辜负你

著名作家亦舒曾经说过一句话："你不辜负时间，时间就不会辜负你。"这句话说得一点都没错。对于每个人来说，时间都是公平的，谁珍惜时间，谁勤奋努力，谁就可以获得时间的奖励。而谁浪费了时间，蹉跎了岁月，谁就只能在将来后悔莫及。

很多父母觉得自己的孩子有才华，将来必定会获得与众不同的成就。但是，父母应该知道，任何人的成就都不是与生俱来的，除了努力，没有任何捷径可走。如果你不努力，即便是再有才华又能有多大收获？相反，即便你是一个平凡的人，但是足够努力，时间也会报答你的付出！

有一个人从小就口吃，连一句简单的话都说不利索，所以没少遭到其他同伴的嘲笑和讽刺。口吃让他从小就不敢在人前说话，更让他的内心变得非常脆弱和自卑。可是，即便是再自卑的人也有感兴趣的时候，也有为自己内心向往的美好而努力的时候。

在他十几岁的时候，他爱上了音乐，爱上了唱歌，他觉得唱歌比说话更有意思，更容易让自己获得快乐。可当他张嘴唱歌的时候，换来的又是其他人的嘲笑。他们总是轻蔑地说："你连说话都说不好，还想要唱歌，简直是痴人说梦。"

但是，对于唱歌的渴望已经让他忘记了一切，自卑、口吃、嘲笑……他每天发了疯一般拼命练习，在家里、在角落、在旷野。终于，经过了不断地努力，动人的歌声从他口中飘了出来，没有一丝磕绊。这一年，18岁的他参加了第二季"澳大利亚好声音"，并且凭借动人的歌声一举成了冠军。他就是哈里森·克雷格。当他在舞台上高歌的时候，很少有人知道他曾经严重口吃，也很少有人知道为了心中的渴望，他付出了多少努力。

事后，有记者问他成功的秘诀，他认真地说："闷在壶里的水要想出头，就只能让自己沸腾起来，冲开盖子。我只不过是把百分之百的热情和努力都投入进去，让自己沸腾起来，冲开盖子。"

记者又问："那万一盖子一时冲不开呢？"

他笑了，"让水持续沸腾着，总会把盖子冲开，发出成功的啸叫。"

是啊，不懈努力，终究会让自己沸腾起来，顶开盖子并出头。所有成功的人，都有这样一种属性，那就是坚持不懈地努力。在过去的时间内，你只有努力去做事情，去完成自己心中的目标，时间才不会辜负你，才能给予你意想不到的收获。

你的努力和付出，时间都懂，它就在不远的将来给予你最好的回报。父母应该让孩子学会用现在的努力来获得将来的收获。当孩子遭遇困难的时候，父母应该对孩子说一句："努力吧！你不辜负时间，时间也不会辜负你！成功就在前面等着你！"这样一来，孩子就会受到积极的暗示鼓励，同时让自己看到：原来只要自己足够努力，就会有所收获；只要自己利用好每一分每一秒，成功就会到来！

韩影的英语成绩一直不理想，这次测试只考了70多分，妈妈非常生气，严厉地问道："你英语成绩为什么这么糟糕？你们英语老师给我打电话了，说你之前总是不认真听讲，课后作业也是一连好几天都不做。到底怎么回事？你不努力学习，怎么能提高成绩？"

韩影站在原地，低着头默不作声。妈妈见着急也没用，便耐心地询问："你英语成绩总是这么糟糕也不是办法，我们必须找到其中的原因。你为什么不愿意做作业，为什么上课不认真听讲？如果你说出理由，或许我可以帮助你。"

韩影听了妈妈的话，眼圈红了，眼泪一下子就流了出来。她低着说："我一点都不喜欢英语，尤其是英语单词，音标总是念错，也记不住。我对英语不感兴趣，所以就不想学，也不想做作业！"

妈妈说："其实你并不是真的对英语不感兴趣，就是因为在记单词、念音标方面遇到了困难，所以内心才产生了抵触情绪。当年我学习英语的时候，也遇到了类似的问题，念句子和课文没多大问题，可就是记不住单词，音标也总是弄错。但是，我坚持让自己多读多念，多听听力，后来就改善了很多。"

韩影听了妈妈的话，好像恢复了点信心，问道："我真的可以吗？"

妈妈笑着说："你要相信有努力就会有收获。只要你多花时间在单词和音标上，情况自然就会有所改善。"

从那以后，韩影加强了对音标和单词的学习，每天早上早起半个小时，大声地念单词、听听力；课堂上，她积极举手回答问题，遇到不懂的地方或是念不好的音标就请教老师；而对于英语老师布置的作业，她也没有那么排斥了，总是积极主动地完成。再加上韩影改变了心中的想法，不再排斥英语，所以成绩也是突飞猛进。

到了学期末，她的英语成绩提高到了 93 分。虽然离班级内成绩优异的同学还有些差距，可是韩影明白：只要自己继续努力，那么必定还有更多的收获。

父母要让孩子懂得珍惜和利用好每一分钟，并且坚持不懈地努力，如此一来，成绩和成功才能如期地到来。所以，作为父母，不要羡慕别人家孩子的优秀，看到自己家孩子成绩平庸也不要抱怨和责骂。其实，这些成绩优异的学生，并不一定比你家孩子聪明，而是他们每天都付出了更多的努力。或许当你们家孩子正在玩耍时，别人家孩子正在学习英语；当你们家孩子正在看电视的时候，别人家孩子正在复习功课。

身为父母，不管你的孩子是天资聪明，还是天生平凡，都应该教会他比别人更努力。因为只有比别人更努力，做别人不能做的事情，吃别人不能吃的苦，孩子将来才能换取一个好的前途和未来。

现在孩子不辜负时间，努力再努力，将来时间自然也不会辜负他的努力！

孩子，你应该计划计划再去做事

现在家庭的很多孩子每天的生活都是毫无头绪的，什么事情都杂乱无章，想做什么就做什么；没有什么时间观念，喜欢拖拖拉拉；还有些孩子平时总是丢三落四，不是上学忘记了作业本，就是出门忘记带钥匙……对于诸如此类的问题，父母可以说是操碎了心，无论怎么提醒和批评孩子都没有太大的作用。于是，大部分父母会发出这样的疑问："孩子究竟是怎么了？为什么每天的生活都毫无头绪？"

其实，对于孩子来说，做事缺乏条理、没有计划是儿童时期的一种自然反应，因为孩子没有时间观念，也没有自我控制的能力。父母不必着急上火，这也并不是大问题，只要我们用合理的手段进行引导，孩子很快就会有所改变。但是并不是说，父母就可以纵容孩子，任由孩子的性子去发展，否则就会让孩子养成不良的学习和生活习惯，从而给以后的人生带来麻烦。

父母应该明白，孩子之所以做事杂乱无章，喜欢拖拖拉拉，丢三落四，是因为缺乏合理计划的能力。孩子每天的时间支配都是毫无计划的，做事情也没有一个合理的安排，结果做起事情来自然就乱七八糟、手忙脚乱了，就好像"脚踩西瓜皮，滑到哪里算哪里"。

笑笑是初中一年级的学生，以前学习成绩还算不错，虽然说不上每次都能进入前三名，班级内前十名还是没有问题的。可到了初二之后，随着所学学科的增加，课后作业的增多，笑笑的成绩也下滑了很多。

父母看着这种情况，心里非常着急，询问笑笑说："你之前功课不是很好吗？为什么现在成绩下滑这么厉害？是不是上课走神，课后不认真完成作业？"笑笑委屈地说："我没有，我每天回家之后就写作业，根本没有时间休息。可是，现在功课实在太多了，我每天都忙死了，写到很晚才能休息。"

经过了观察之后，父母发现并不是笑笑不认真，而是学习缺乏计划性。做作业的时候，笑笑往往把所有功课都拿出来，一会儿做数学，一会儿背英语，遇到不会的地方就翻书，翻书的时候又花费不少时间复习课本的内容……小学和初一的时候，学科比较少，功课也比较少，虽然没有合理的计划，笑笑却还算能够应付得过来。可初二之后，随着功课的增多，每门学科都有需要做的功课，她自然就手忙脚乱了，不仅浪费了时间，学习的效率和成果还不好。

为了帮助孩子提高学习成绩，妈妈对笑笑说："你知道你为什么在做功课的时候，感觉有些吃力和手忙脚乱吗？那是因为你面对众多的学习科目，并没有做好学习计划。每天都是毫无计划地做做这个，看看那个，像没头苍蝇一样。这样怎么能学得好呢？学习和做功课都不是简单的事情，必须给自己制订一个合理的计划，对今天需要做的功课做到心中有数，安排好先做哪个再做哪个，这样一来才能节省时间，提高学习效率。而只有学习效率提高了，你的成绩才能提高！"

听着妈妈的话，笑笑终于明白了问题所在。之后，每天做功课之前，她都会先做好计划，先复习功课，再完成各门功课的作业。她还为自己制订了一个切实可行的学习计划，包括每天花费多少时间复习功课，每天做多少习题、背多少单词，等等。她的学习计划不仅有每天、每周的，还有每个月、每个学期的。正因为如此，笑笑的成绩提升得非常快，中考的时候也以优异的成绩进入不错的高中。

做事没有计划，是非常不好的习惯。因为你的时间和精力都没有进行合理的分配，看到事情就胡乱忙一通，如果只做一件事情还算好，要是事情多了，自然就会手忙脚乱了。所以说，在日常生活中，父母必须要引导孩子合理分配自己的时间，有计划地去做事。这对于孩子来说，不仅仅是一个良好的学习生活习惯，更是决定孩子是否成功的关键因素。

法国著名文学家雨果说："有些人每天早上预定好一天的工作，然后照此实行，他们是有效利用时间的人。而那些毫无计划、遇事现打主意过日子的人，只有混乱二字。学习也是一样，有计划的人，不仅学习有条理、有顺序，而且有目标、有方向。这样当然效果会比没有计划随意学要好得多。"

明智的父母非常注重孩子做事计划性的培养。比如，一个孩子告诉父母自己想要与朋友去春游，那么父母就会问他："你自己做好了计划吗？""路线安排好了吗？""是否把需要带的东西列了一个表格？"如此一来，在父母的引导下，孩子就会把这次春游计划得周全详细，时间长了，孩子即便没有父母的提醒，也能计划周全。因为他们已经养成凡事都做好计划的习惯，并且明白了计划去做事的益处。

没错，没有计划地去做事，就会导致时间分配不合理，就会导致事情安排没有条理性和目标性，不要说高效了，就连顺利地完成都有问题。我们不妨学习一些父母教育孩子的方式，多给予孩子正确和及时的引导。如果你的孩子还小，那么就帮助和引导孩子做计划；如果你的孩子已经具有计划事情的能力，但却没有养成这样的好习惯，那么就通过生活小事来引导他们。

比如让孩子合理计划自己周末的时间，帮孩子制订合理的时间表——什么时间写作业，什么时间整理房间，什么时间玩游戏，等等。比如让孩子有计划地完成作业——先完成课后习题，还是先背诵课文；先预习第二天的新课，还是先复习当天内容。当孩子在这些小事上有一定的计划性和条理性后，父母再给孩子增加难度，计划更复杂的事情，比如一周的学习计划，暑假学习计划，或是假日全家人旅游计划，等等。

事实上，对于父母来说，帮助和引导孩子有计划地做事，这不仅可以帮助孩子有条不紊地处理事情，不会手忙脚乱，更可以提高孩子自由支配和管理时间的能力。

在这里，父母必须记住的一点就是，千万不要替孩子计划，而是应该引导孩子自主根据自己的实际情况制订计划。否则孩子只是按照你的计划做事，缺乏了自由选择和自主掌控时间的能力。这样一来，这个计划就对孩子没有太大意义了！

当然，父母的言传身教始终是最重要的。想要孩子做事有计划，父母就不能把自己的生活搞得一团糟。如果父母做事没有计划，那也教育不出做事有条理的孩子。试想，如果父母每天丢三落四，做事毫无条理、毫无计划性，在这样的环境下成长起来的孩子又怎么能够养成做事有计划、有条理的好习惯呢？

虽然说，做事有计划的习惯不是一朝一夕能养成的，但是只要父母善于对孩子进行引导，并且持之以恒，孩子做事情不再手忙脚乱，也不会缺乏时间观念，以后的生活必将有条不紊。

正如古人所说："凡事预则立，不预则废"。身为父母，教会孩子有计划地去做事，让孩子学习、生活有秩序地进行，相信将来孩子会收获更多的惊喜。

过一会儿，我再做吧

生活和学习的节奏越来越快，但是拖延的人却越来越多了，不管做什么事情都要拖延，不到最后期限绝不动手。很多父母发现，这种拖延的坏习惯已经在孩子中间逐渐蔓延。

王小瑞的口头禅是"过一会儿再说吧"，不管做什么事情总一个劲儿往后拖延，拖到最后实在没有办法才行动。妈妈晚上把饭做好了，叫他过来吃饭，他却眼里不离电视，随口说"过一会儿，我看完这一点再去吃饭"。与朋友约好了一起出去玩，时间都快到了，他还没有出门。妈妈催促他，他反而理直气壮地反驳"过一会儿我再出发也不晚，反正我们家比他们家距离近得多"，结果每次都让朋友等好久。做作业更是如此，每天放学回家第一件事情就是玩。妈妈要求他先写完作业，他总是说"过一会儿再写"，不是坐在沙发上吃东西，就是拿着 iPad 玩游戏。而到了周末，则非得拖到周日的晚上才写。

一个周五下午，由于学校有活动，所以放学早了些。又因为孩子们在活动中表现不错，所以老师留的作业也不多，只是要求写一篇参加活动的感想。回家之后，妈妈对小瑞说："你赶紧把作业写完吧。明天我已经和你李阿姨约好了，带你们到度假村放松放松。这次你可不要等到周日晚上才着急着写作业啊！"

小瑞听到妈妈说带自己出去玩，非常兴奋地说："太好了，我听说那里非常好玩，我一定要玩个痛快！老师只留了一篇感想，我一会儿就能写完，等吃完饭再说吧！"妈妈心想，孩子参加活动累了，就任由他去了。等吃饭完之后，小瑞又看起了自己喜欢的电视节目，妈妈催促他写作业的时候，他就说着"等一会儿"。结果整个晚上他都在电视机前度过了，连本子都没有拿出来。

第二天，大家一起到度假村游玩，小瑞玩得兴奋，自然也就把作业抛之脑后了。晚上，妈妈又提醒小瑞写作业，谁知他却不耐烦地说："妈妈，你真是太扫兴了！出来玩也不让我玩得尽兴，现在这个时候，你们都在享受假期，我哪还有心思写作业啊！"妈妈听了孩子的话，也就作罢了。

周日，等回到家后都已经下午3点多了，玩了一天的孩子又说身体累了，休息会儿再写。结果等到他终于静下心写作业的时候，已经是晚上8点半了，至于这篇感想的质量也就可想而知了。试想，这样匆忙时间写出来的东西怎么能好呢？况且，时间已经过去了两天，活动的细节已经逐渐被遗忘，又怎能写下深刻的感想？

对于孩子喜欢拖延的毛病，父母着急得不行。妈妈总是和朋友们抱怨："我和他爸爸都是干脆利落的人，这个孩子怎么就这么懒散，习惯拖延呢？"

其实，像王小瑞这样喜欢拖延的孩子并不在少数，他们总认为时间有的是，不管做什么事情，总是喜欢说"过一会儿，我再做吧""明天再做也不晚"。他们总是把事情往后推，并且还千方百计地给自己找理由。本来一件非常容易的事情，非得拖到最后一刻才做，结果效果只能是乱七八糟。我们可以观察一下，凡是那些习惯拖延的孩子，他们的学习成绩肯定不太优秀，而那些成绩优异的孩子从来都不会说"过一会儿，我再做吧""明天我再做作业吧"。

对于孩子来说，拖延的坏处是显而易见的。它会让孩子的生活变得一团糟，任何事情都没有办法按时完成；它会让孩子的学习效率低下，成绩变得一塌糊涂。更重要的是，孩子一旦养成了凡事拖延的坏习惯，就会被磨掉热情和斗志，变得懒惰、消极，缺乏积极进取的精神。即便是长大成人之后，也无法摆脱拖延的毛病，从而陷入平庸消极的人生。

作为父母，我们肯定不想让拖延这个坏习惯毁掉孩子的一生，那么就帮助孩子彻底改掉它吧。父母应该仔细观察自己孩子的一些日常行为，找到孩子习惯拖延的原因。如果孩子拖延是因为缺乏时间观念，那么父母就应该让孩子认识到时间的重要性，教会孩子管理和利用自己的时间，并且珍惜每天的每一分钟。如果孩子喜欢拖延是因为性格比较懒散，那么父母就应该多鼓励孩子，让其养成勤劳刻苦的好习惯。当他们变得勤劳之后，自然就不会拖着事情不干了。而在学习这个问题上，有些孩子喜欢拖延，不积极主动地做作业，可能是以前在功课上遇到了难题，不知道怎么解决，便以"过会儿再做"为借口。时间长了，便养成了一拖再拖的毛病。这时候，父母就应该详细了解孩子的学习状态，帮助孩子解决难题和找到学习的技巧。

对于喜欢拖延的孩子，父母还可以给孩子制订一个"最后期限"，比如说每天晚上9点之前必须完成作业，周六晚上9点之前必须完成周末的作业。如果孩子做不到，便给予相应的惩罚，而做到了则可以给予相应的奖励。不过，在制订"最后期限"的时候，父母一定不要想当然地以为自己安排就可以了，而是应该考虑孩子的实际情况，多征求孩子的意见，和孩子商量着制订出这个"最后期限"。如此一来，这个"最后期限"才能成为孩子克服拖延的动力，而不是阻力。

著名作家屠格涅夫说过："明天，明天，还有明天，人们都在这样安慰自己，殊不知这个明天，就足以把他们送进坟墓。"告诉孩子，永远不要把今天的事情拖到明天或是将来的某个时间，更不要把"过一会儿再做"挂

父母格局有多大，孩子就能走多远

在嘴边。

要知道，时间是宝贵的，一味地拖延就是浪费时间。一旦孩子养成了拖延的坏习惯，那么将来不仅会一事无成，整个人生还会一团糟。

父母越催促，孩子越磨蹭

我们时常看到这样的情形：

早上的时候，父母焦急地催促："快点！快点！我们快来不及了，你怎么这么磨蹭！"

而另一方面呢？孩子依旧慢悠悠地，不着急不着慌地做着某些事情！

如果要问孩子们做过的最让父母暴躁的事情是什么？无疑，很多父母会首选磨蹭的问题。因为磨蹭是孩子身上的一大顽疾，从四五岁的孩子到青春期的青少年，几乎都有这样的毛病。它甚至比叛逆、厌学、懒惰的行为更让父母头疼。

绝大部分父母时常抱怨，自己的孩子做事磨磨蹭蹭，从穿衣吃饭到睡觉起床，从上学走路到写作业做家务……好像只要让孩子做些事情，就会有磨蹭的存在。而当孩子磨蹭的时候，父母最直接的反应就是催促、催促、再催促。催促孩子快点起床刷牙，催促他们赶紧吃饭，不要老是看电视，更催促他们快些做功课。可惜的是，父母逐渐发现，自己的催促好像对孩子没有任何作用。有时候，父母越是不断地催促，孩子的磨蹭反而更加严重。

魏瀚的妈妈对此有很深的感触。孩子从小就胖乎乎的，给人的感觉就是性情温和，斯文有条理。可这孩子身上也有一个毛病，就是不管做什么事情都是慢慢吞吞的。上了幼儿园之后，学校要求8点之前到校，在学校里面吃完饭之后再上第一节课。可是因为孩子起床、刷牙都磨蹭，所以迟到。妈妈觉得孩子可能比较小，做事没有效率，长大了就好了，也就没有太严格要求。

可后来，就连老师也时常向妈妈反映，说魏瀚做事总是不紧不慢，别人吃饭十分钟，他半个小时都没吃完，每次等老师催促才勉强加快些速度。

这样一来，妈妈就觉得不能再纵容孩子了，于是便有意识地催促孩子，希望孩子行动快一些。早上起床的时候，妈妈会大声催促："快一点，要不今天又迟到了！"吃饭的时候，妈妈也会催促孩子："快点吃饭，不要一边吃饭一边玩！"而在写作业的时候，妈妈也是要三遍五遍地催个不停。

几年下来，妈妈养成了催促的习惯，可魏瀚的磨蹭行为却并没有什么太大改进。做起事情来依然是磨磨蹭蹭，丝毫没有效率，而一旦听到了妈妈的催促便手忙脚乱，什么也做不好。

一次，学校组织了手工比赛，魏瀚积极地参加了。他选择了组装自己最喜欢的飞机模型。第一天，当妈妈帮孩子把模型买回来之后，就警告："这次手工比赛的期限只有一个星期，你一定要抓紧时间，不能再磨磨蹭蹭了！"魏瀚也痛痛快快地答应了。接下来，他把全部零件都集中在一个盒子里，仔细地研究了图纸，然后决定第二天开始组装。

第二天，魏瀚只组装好了飞机的四只轮子。

第三天，魏瀚组装好了飞机的两翼。这时候，妈妈看到魏瀚进度缓慢，便催促说："你这个孩子怎么一点都不着急呢？期限只有一个星期，现在已经过去三天了，你却完成这么一点点，到时间了，你怎么能完成得了！"于是，接下来的几天，妈妈总是催促魏瀚，让他快点完成。可尽管妈妈一再催促，孩子的进度好像也没有加快。到最后一天晚上的时候，虽然机舱、机翼、机头、轮子等各部位已经组成完毕，但是还没有完全组装在一起。吃完饭后，妈妈着急地说："你心里想着什么呢！一个星期时间都没有把飞机组装完，还不快点行动！"就这样，在妈妈的催促下，魏瀚完成了自己的飞机模型。

原本他认为自己的作品肯定会得奖，因为它是用1000多个零件组成的，构造非常精致，造型也非常漂亮。可没想到，等评奖老师拿着模型欣赏的时候，机翼和轮子竟然掉了，魏瀚也因此失去了获奖的机会。

回到家之后，妈妈抱怨地说："你做事磨磨蹭蹭，还这么不专心，本来大好的机会就这样失去了！"魏瀚也生气了，大声地反驳道："我不是想早点完成吗？你总是催我快点快点，我一着急，能不手忙脚乱吗？"

听了孩子的抱怨，妈妈突然觉得孩子的话似乎也不无道理。一直以来，自己总是催促孩子，可孩子的磨蹭却始终没有改善，还时常变得忙手忙脚，难道自己的方法真的错了吗？

事实上，正如魏瀚妈妈所想的那样，不断地催促会让孩子产生一种压迫感和紧张感，导致注意力不集中，从而犯下一些本来应该避免的错误。更重要的是，父母的催促会让孩子产生麻痹心理，甚至形成免疫或是依赖。

时常被父母催促着做事情的孩子，他们会这样想：反正到时候父母会来催我，我不如在这之前多放任自己。当父母第一次催促的时候，他们一点儿都不在乎，因为他们知道这只是一个预防针，反正一会儿还会再催，于是他们就心安理得地慢悠悠做事。当父母第二次催促的时候，他们心里有些紧张感了。虽然也会加快一些节奏，但是还会不太在意。而等父母第三次催促的时候，孩子们就知道父母真的发火了，再不快点就会被骂甚至是挨揍，所以才会加快步伐。慢慢地，孩子养成了这样的习惯，不管做什么事情，父母不催促三四次，他们是不会主动行动的。

所以，父母与其不停地催促孩子，跟在孩子屁股后面让他们"快点！快点"，还不如给孩子设定一个时间范围，要求他们按时完成。当孩子产生一种紧迫感的时候，就没有时间磨蹭了，更没有等着妈妈催促的心理了。对于比较小的孩子，父母可以培养他们的时间观念，利用小闹钟来"限制"他做事情的时间。一旦孩子在规定的时间内，做完了规定的事情，父母就应该给予奖励，否则就给予相应的惩罚。

而对于十几岁的孩子来说，他们已经有了较为明确的时间观念，知道如何提高自己的做事效率，这时候，父母只需要给孩子设定"最后期限"就好了。父母还是应该尽量将事情交给孩子自己处理，鼓励孩子独立做事，合理安排自己的时间。这样不仅可以让孩子改掉磨蹭的毛病，还可以慢慢地提高孩子规划个人时间的能力，提高做事效率。

父母们，要知道，很多时候，孩子的磨蹭是父母催促出来的。所以，改掉"催催催"的坏习惯，适当地放手，让孩子学会管理时间。这才是最轻松、最有效的教育方式！

第五章

得失：我们努力不是为了赢谁，
而是做更好的自己

有竞争就有输赢，父母如果特别计较胜负，孩子就往往输不起，一输就闹脾气，还容易性格胆怯、害怕竞争。为此，必须得让孩子明白，参与比胜负重要，过程比结果重要，超越比得失重要。输赢不是做一件事的目的，尽全力努力了、争取了，让自己变得越来越棒，这本身就是最好的犒赏！

没关系，你刚刚做得真的很好

　　为人父母都希望自己的孩子是最棒的，成绩门门优秀，德智体美样样出色。于是，有些父母每天都在孩子面前说，"你要努力学习，要取得好成绩啊""你要好好表现啊，不能比别人差"。一到考试的时候，这些父母通常比孩子还着急，不厌其烦地嘱咐孩子要考好，不能出差错。即便孩子参加一个小比赛，这些父母也耳提面命地嘱咐孩子要好好表现，不能失败。而一旦孩子考试失利了，这些父母就开始责备和批评孩子，"你怎么这么不认真？这么简单的题都不会""这究竟是为什么？为什么你失败了"，甚至有些父母会当着孩子的面表现出失望的情绪，抱怨孩子没出息。

　　虽然没有父母希望自己的孩子输，我们也能理解父母对孩子的期待和希望。但是这样的做法，对孩子的教育往往是有害无利的，甚至会严重伤害孩子的自尊心，让孩子对失败产生恐惧心理。

　　父母要知道，没有谁能事事成功的，也不是任何事一次就能做好的。孩子只是孩子，他们的能力有限，生活经验也有限，不可能凡事都成功。即便是对我们成人来说，也不能保证自己凡事都能成功。那么为什么非要要求孩子如此呢？更何况，父母如果时常给孩子灌输只能赢不能输的思想，孩子就会加重心理负担，拒绝或是恐惧尝试，不管做什么事情都畏首畏尾。

　　所以说，父母应该给予孩子积极的引导，让他们知道很多事情，参与比输赢更重要，过程比结果更重要。这样一来，孩子的积极性就会被调动起来，愿意参与和尝试更多的事情。而当孩子遭遇失败的时候，父母更不应该责怪和抱怨孩子，而是对他们说："没关系。你刚刚做得很好。输了也没有什么，只要你尽力了就可以了！"如此，孩子在成长的过程中，才能逐渐地面对失败，养成不惧怕失败，努力奋起的好心态。而只有拥有这样的心态，孩子才能变得越来越棒。

小涛是一所重点中学的学生，成绩优异，考试时常是班级的第一名。对于孩子这一点，父母感到非常骄傲和自豪，在亲戚和其他家长面前也很有面子。到中考的时候，人人都说这孩子肯定能考上重点高中，"中考状元"的名衔也没跑了。可是等到成绩公布之后，别说是"中考状元"了，他的成绩离第一名、第二名差了十几分。虽说是考上重点高中没问题，但是这让期待过高的父母也有些失落。

小涛也好不到哪里去，他感觉非常伤心和失落，为什么这次发挥会失常呢？他心里想："爸爸妈妈肯定对我非常失望，不仅没有获得'中考状元'的称号，分数还和人家差了那么多！"

可是，父母并没有批评和抱怨孩子，因为他们也看到了小涛的失落，因为他们也知道孩子并不是平时没有努力，也不是发挥失常了，只是那两个同学超常发挥了而已。妈妈对孩子说："没关系，你这次考试做得非常好！虽然没有得到'中考状元'，但是发挥了以往的水平。你尽力了，并且做到了最好的自己，并没有什么可伤心和抱怨的。"

小涛还是情绪低落地说："可是，我平时都是第一啊。这关键时刻却掉了链子，输给了其他人！"

妈妈温和地说："谁的人生路上总能够一帆风顺呢？生活中，有竞争就有输赢，不可能你总是拿第一名。我们没有必要太过在意这次失利。只要你用乐观的心态去面对这次的失败，以后更加努力地学习，那么它就会让你更出色！可是如果你心中始终忘不了它，无法战胜它，那么你可能在以后的学习中永远也无法超越别人和自己！"

自此之后，小涛更加努力地学习，并且制订了合理而周密的学习计划。在他的努力下，他的各科成绩都非常优秀，始终名列前茅。最后，在高考中，小涛终于圆了自己的"状元梦"，以优异的成绩考入了理想的学校。

或许，在成人的眼里失败一次并没有什么，但是如果孩子把成败看得太重了，那么它所带来的负面影响就会被无限地放大。因为孩子的年纪还小，心理承受能力还不够强大。当他们无法调节这种负面情绪的时候，心里就会变得脆弱、敏感，下意识地逃避。这个时候，父母如果不给孩子鼓励，帮助孩子走出负面情绪，反而还打击孩子的信心，或是埋怨孩子，那么孩子恐怕永远也走不出失败的阴影。

作为父母千万不要因为自己的面子而过于在乎孩子的输赢，而是应该教育孩子正确地面对失败，告诉孩子一次失败并不代表他不努力，只是成功还距离他远了那么一点。只要他努力了，并且将这次失败看成了提升自己的机会，那么下一次的成功就会越来越近。

小涛的妈妈是聪明的，更是智慧的。正是因为她能够给予孩子积极正面的教育，消除孩子消极负面的情绪，告诉孩子"你做得非常好，发挥了正常的水平"，才让孩子恢复了信心，并且重新燃起了斗志。试想，她如果抱怨孩子给自己丢脸，或是批评孩子发挥不好，那么小涛或许就这么消沉下去了，甚至会失去了信心，从此一蹶不振。

所以说，很多时候，孩子将以什么样的态度和方式来面对得失成败，关键在于父母的态度。如果父母给予孩子积极的鼓励，那么孩子就能勇敢地走出被失败笼罩的天空，重新走向成功。但父母太过于计较成败，总是给孩子灌输负面的情绪，或是过于苛责孩子，那么再优秀的孩子也会灰心丧气，难以重新振作了。

当孩子因为失败而沮丧的时候，身为父母，大声地告诉孩子：没关系，你刚刚做得非常好，一次失败算不了什么，只要过程中你努力了，那么就问心无愧。然后帮助孩子找到失败的原因，鼓励他勇敢站起来，再次尝试！

人生是一次长跑，暂时落后怕什么

有人喜欢把人生比喻成一次长跑，有时候状态好了，可能就跑快了一步，有时候状态不好了，可能就落后了一些。但是暂时的领先，并不代表着最先达到终点，暂时的落后也并不代表着失去了成功的机会。在这漫长的道路上，暂时落后没有什么大不了的，只要全力以赴，加快自己前进的步伐，终究会获得最后的胜利。

然而，我们现在的孩子太看重输赢了，常常因为一次的失败或是暂时的挫折而做出极端的行为。网络上，总是不乏这样的新闻：某个孩子因为成绩差，受了老师的批评，而离家出走；一个成绩优异的学生，因为一次考试没考好而想不开，跳楼自杀；某个孩子因为比赛失败，而郁郁寡欢，失去了再次尝试的信心和勇气……

为此，父母和老师们开始困惑，整个社会也开始担心，我们的孩子究竟是怎么了？难道就这么禁不起失败和打击吗？

实际上，就是父母给孩子的爱太多了，以至于让他们缺少了独立面对挫折的勇气和胆量；就是因为父母的得失心太重了，总是希望孩子能够事事争第一，事事都成功，以至于孩子太看重输赢，产生了输不起的心态。一旦遭遇了失败，或是成绩落后于人，就闹情绪、萎靡不振，严重的还想不开、闹自杀。

其实，孩子在成长的过程中，必然会遇到一些困难和失败，也并不一定每次都赢得第一。父母应该让孩子们明白，人生是漫长的，经历失败和挫折都是再正常不过的事情。成功也并不是我们做任何事情的目的。只要尽力了，争取了，让自己变得越来越优秀，那么就是最大的收获。

林肯就曾经这样说过："此路艰辛而泥泞，我一只脚滑了一下，另一只脚也因而站不稳。但我缓口气，告诉自己，这不过是滑一跤，并不是死去而爬不起来。"真正有大格局的父母，通常会让孩子明白，一时的输赢并不重要，暂时落后也没有什么大不了的。只要父母教会孩子坦然接受面对，不放弃努力前行，那么必将会走向终点，必将会收获路上美丽的风景。

一个男孩非常热爱足球，每天都在操场上练习射门，后来参加了学校的足球队。由于他刻苦练习球技，又有一定的运动天赋，所以很快就成了球队的前锋。一次，球队和别的学校比赛，尽管队员们努力拼搏、全力防守，但还是在上半场落后了一分。

看见自己球队落后，孩子们表现得有些急躁，这个男孩更是想要扳回一局。可越是如此，就越容易犯错误，在一次铲球的过程中，他不小心绊倒了对方球员。裁判误判了他，说他故意撞人，罚了他一张黄牌。这下，孩子更急躁了，和裁判争执了起来，幸好教练及时制止了他的行为，并且让他暂时休息一会儿。

休息的过程中，在场边观看孩子比赛的爸爸知道男孩现在太急躁了，人急于追平落后的一分了。于是，他悄悄地来到了孩子身旁，对孩子说："我知道，你们暂时落后一分，我也知道你急着扳回一球。但是你越急躁就越容易失去阵脚，就越发挥不好，反而让对方钻了空子。"

孩子着急地说："可是，上半场很快就结束了。如果我们不扳回一分，下半场会很被动的。"

爸爸说："没错，上半场才刚刚结束。下半场还有很多的时间，你又为什么如此着急呢? 暂时落后一分怕什么, 只要你们组织好进攻, 会有很多破门的机会! 可如果你们太计较这一分, 乱了自己的阵脚, 那么就彻底输了。"

孩子沉思了一阵, 肯定地对爸爸说: "爸爸, 我明白了。距离整场比赛结束还有很长时间, 暂时落后没有什么大不了的。只要我们不放弃, 就一定会赢得比赛。"

果然, 等到再次上场的时候, 孩子镇定和从容了很多, 又发挥了本来的水平。虽然他们输了一分, 但是士气更激昂了, 经过了几次强有力地进攻, 终于突破了对方的球门, 追平了比分。而在这场比赛临近结束的时候, 男孩一个漂亮的射门, 为自己球队锁定了胜局。

孩子心智发展还不成熟, 抗挫折能力自然也没有成人强, 在经历失败和落后的情况时, 难免心理有强烈的落差感和失望情绪, 也难免失去再尝试一次的勇气和胆量。这个时候, 父母太计较输赢, 责怪孩子表现不好, 或是不能及时给予孩子应有的鼓励, 那么孩子就会因此一蹶不振, 甚至是因此想不开。

所以说, 父母要及时给孩子鼓励和支持, 让孩子走出失败和落后的不良情绪, 以平和的心态面对它。而只有孩子心态平和了, 才能重新恢复自信, 才能敢于再一次尝试。当然, 除了鼓励和安慰孩子, 父母还应该让孩子学会自己处理自己的情绪, 给孩子一段心理的缓冲期和独立的时间, 学会接受他们不愿意接受的东西。在这个过程中, 父母可以耐心地等待, 不要着急介入, 比如孩子发泄情绪的时候, 父母千万不要干涉。这样孩子才能变得更加坚强, 更加相信自己。

事实上, 怎样面对成败得失, 是每个父母在教育孩子时必须面对的问题。而如果父母的教育方式不正确, 或是给孩子灌输了错误的理念, 那么孩子就往往会输不起, 甚至是性格懦弱、害怕尝试和竞争。所以, 父母只要让孩子明白, 失败并不可怕, 输赢也没有什么大不了的, 只要做好最好的自己就行了。这样孩子才不会因为一时的成败得失而或是欣喜，或是悲伤，或是得意，或是自暴自弃。

人生就是一次长跑，暂时落后又怕什么呢！父母们，让自己的孩子坦然面对失败和落后吧！这才能让孩子真正地成长，真正地变得强大起来！

我就是非赢不可

时常有父母抱怨，"每次和孩子玩游戏，孩子就是非赢不可。只要我赢了他，不是闹脾气，就是喊着不算数，硬要重来……""我们家孩子太争强好胜了。每次参加比赛都不能输，赢了就满心欢喜，输了就伤心好几天"。

其实，孩子想赢不想输是一种正常的心理，因为每个人都希望自己比别人强，获得别人的认可和称赞。尤其是年龄比较小的孩子，他们并不了解输和赢的真正意义，一旦发现别人超过了自己，会表现出情绪失落和不高兴也是正常的。但是，如果孩子不管做什么都非赢不可，输不起，那么就需要父母给予正确的教育和引导了。

实际上，那些输不起的孩子，通常都有一个心态不好的父母。这些父母觉得自己的孩子不能输在"起跑线"上，于是从小就给孩子安排各种各样的功课。在学习上恐怕孩子落后于他人，给他们报英语班、作文班、思维拓展班；在才艺上也不能让孩子输给他人，不管是音乐、美术还是舞蹈、跆拳道，全部让孩子学习。他们喜欢将孩子的成绩当成是自己炫耀的资本，赢了就夸奖孩子聪明、能干，输了就指责和埋怨孩子笨、无能。

于是，在潜移默化的过程中，孩子内心便滋生这样的想法："我一定要赢""我一定要超过别人"。而当某一次孩子输给别人之后，便会承受不起打击，自信心受到严重伤害，甚至滋生出极端的想法。

某教育专家曾经讲过一个故事，一个高二的学生性情大变，比往常更暴躁、易怒。原来，这个孩子在班级里的成绩总是第一名，可到了这学期，第二名的同学成绩突飞猛进，在期中考试中抢了他的第一名宝座。这一下，孩子承受不了了，多次向这位同学宣示："我一定要赢了你，我才是永远的第一名。"这个孩子甚至在日记中写下了憎恨对方、"灭掉"对方的话语。

　　其实，比起输赢，培养孩子强大的内心，让孩子坦然面对输与赢，才是父母在教育孩子的过程中最应该做的事情。

　　乐乐从小就喜欢下棋，从四五岁的时候就跟着爸爸学习下围棋。开始，为了激发孩子对围棋的兴趣，爸爸每次都夸奖孩子聪明，想办法让孩子赢了自己。果然，孩子在一次次"赢"棋的影响下，对围棋产生了浓厚的兴趣。而在爸爸的教导下，孩子的棋艺也是见长，并且参加了学校里的围棋社。

　　几年后，乐乐的棋艺有了很大进步，已经能参加一些比赛了。所以，爸爸为了进一步提高孩子的棋艺，便决定不再像以前那样总让着孩子，反而想方设法让自己赢。这一天，爸爸和乐乐对弈，爸爸拿出了真本领，赢了乐乐很大一截。这时，乐乐却承受不起了，他大声质问爸爸："以前每次都是我赢，这次你为什么这么快就赢了？"

　　爸爸说："以前那是我让着你，这次为了提高你的棋艺，所以我要动真格的了！"

　　乐乐还是不依不饶，还发脾气扔了棋子，大声喊道："既然你以前都让着我，为什么现在不继续让着。不行，我就是非赢不可！"

　　爸爸这下生气了，批评道："以前我让着你，是为了激发你对围棋的兴趣。现在你兴趣有了，棋艺也高了，我就没理由再让着你了。我一直让着你，你如何锻炼出真本事？再说，现在你可以参加比赛了，难道要所有人都让着你吗？你现在和我比赛就这么输不起，那么以后怎么参加各种比赛啊？"

　　听了爸爸的一番话，乐乐的情绪逐渐平静下来。爸爸接着说道："我知道你想要赢，但是赢并不是最终的目的。比赛有赢就有输，如果你想要赢，就必须提高自己的棋艺，锻炼出自己的真本事！"

之后，乐乐再也没有因为输赢而情绪失控过，在和爸爸的对弈中，他每次都全力以赴，争取赢过爸爸。但不管是输还是赢，他都积极总结反省，不断改变和完善自己的战术。结果，几年以后，乐乐的棋艺终于超越了爸爸，还在市里举办的少年围棋大赛中获得了第一名。

乐乐之前这种心态就是典型的"输不起"，其产生的原因就是爸爸之前一直让着他，而且学校围棋社的队员都不是他的对手，以至于让他形成了一种"我非赢不可"的心理。所以，一旦后来输给了爸爸，他就无法接受了，产生了一些坏情绪。试想，如果当初爸爸没有故意让着他，想方设法地让他赢，而是让他及早体会输的滋味，那么或许乐乐就不会这么晚懂得这个道理了。

所以，父母应该尽早让孩子明白，有竞争就有输赢，在这个过程中，每个人都渴望赢，但是并不是每一次都会赢。谁都有输的时候，一个人只有以平和的心态面对赢，以坦然的心态面对输，才能够清晰、客观地认识自己，才能够发挥出自己最大的潜力。

虽然说，所有父母都希望自己的孩子将来有所成就，但是父母也应该知道，所有有所成就的人都有一个特质，那就是输得起。如果孩子现在有"非赢不可"的心态，输不起，那么将来则会输得更惨。

世界上没有常胜将军，孩子也不可能一直赢。父母应该让孩子明白没有人能够只赢不输，培养孩子认输而不服输的品质，既可以享受赢的喜悦，也能够经受起输的考验。更重要的是，父母应该给孩子内心播下积极乐观的种子，使孩子面对赢局时不得意忘形，面对输局时不灰心丧气。当孩子正确看待输赢，并且具备"输得起"的品格时，才能更愿意面对解决问题的办法，才能在以后的人生道路上取得成功。

当孩子赢的时候，父母应该告诉他："我知道你非常棒，不过赢了并不代表你做得完美，只有尽力做到最好才是正确的。"而当孩子输了的时候，父母也应该及时给予孩子适当的安慰和鼓励，告诉他："我知道你输了很不甘心。但是有比赛就有输赢，只要你尽自己最大的努力，不断提升自己，将来总有办法成功。"或是告诉孩子说："这次输不代表每次都会输，有时候输赢并不是最重要的，重要的是你在这个过程中收获了什么。"

相信，通过父母的教育和引导，孩子肯定会以平和的心态面对胜败输赢。而孩子一旦做到了这一点，就获得了真正的成长，就可以变得越来越优秀。

父母期待太高了，我总是达不到

望子成龙、望女成凤是绝大部分父母的心态，于是，从孩子刚刚出生开始，父母就对他们有了一大串的期待。期待孩子能比别人先走路；期待孩子比别人更聪明；期待孩子能上最好的小学、最好的大学，最后再出国深造；期待孩子优秀无比、出类拔萃，能在数学上获奖，能在钢琴上获奖，能在体育上有所成绩……

虽然说，父母期望孩子成才是可以理解的，可父母有没有想过，如果父母期望过高，得失心太重，会不会让孩子压力太大，给孩子带来过重的心理负担，从而影响孩子的发展？如果父母期望过高，特别计较孩子的成绩或是优秀与否，孩子会因为达不到目标而变得自卑、胆怯，甚至是心理失衡，走上了极端的道路。

事实上，父母的过高期待往往会有反效果，让孩子感到精神压力变大，甚至有喘不过气来的感觉。有关人士专门对高考前的中学生做了抽样调查，结果76%的学生对父母的过高期望感到疲乏，64%的学生感到担心，36%的学生感到厌倦，甚至有10%的学生感到了恐惧，有想要逃离的感觉。

几年前，发生了一件韩裔"天才少女"编造事件。这个小女孩在美国第一高中读书，突然有一天她的事迹出现在人们视野中，被韩国媒体争相报道。在报道中这个女孩同时被哈佛、斯坦福大学录取，而这两所名校为了争夺这位人才，竟然放下身段，甚至允许她每个学校各读两年，这在历史上都是没有出现过的。

因为女孩非常优秀，所以收到了哈佛大学某位教授的邮件，对她表示赞赏。就连 facebook 的创始人扎克·伯格都亲自打电话对她表示支持和鼓励。一时间，女孩成了校园中最出名的人物，接受着无数人的赞赏，甚至是膜拜。她的父母也时常出现在新闻媒体的报道里。

很快，这个新闻传到了女孩就读的高中附近的韩国人社区，而在一片赞赏声中也出现了质疑的声音。于是在一番难度并不高的调查之后，真相大白。原来，所有的一切都是这个女孩自己编造的！包括满分的 SAT 成绩、哈佛、斯坦福大学录取通知书，以及扎克·伯格打给她的鼓励电话。

最令人大跌眼镜的是，那伪造的通知书是她自己提供给媒体的，目的是为了证明自己的优秀，事实却更直接地揭穿了自己的谎言。

事情真的太荒谬了。一个十几岁的女孩，为什么会撒下如此荒诞的谎言？是为了刺激，还是好玩？是为了虚荣，还是只是一时的恶作剧？

事实上，这与她父母的教育有直接的关系。我们可以坦白地说，这样的结果就是父母畸形的教育造成的，是父母过高的期待，和近乎疯狂的名校崇拜情结使然。女孩所上的高中在美国非常有名，虽然是公立学校，但是想要进入的话也必须要经过非常激烈的竞争。在学校中，每个孩子都被寄予了过高的期望，谁也不甘于人下。人们常说，这里的学生只是被一所常春藤大学录取都不足以令学生和家长感到满足和自豪。只有那些横扫八个常春藤大学的学生，才是所有学生的骄傲和标杆。

当然，女孩的父母也是如此。他们希望自己的孩子出类拔萃，而为了女儿更好地学习，母亲还专门居住在学校附近，陪伴着她读书。虽然女孩非常聪明，也通过努力进入了这所明星高中，但是毕竟父母预设的目标实在是太高了，她没有能力达到和实现。或许是为了安慰父母，又或许是为了投其所好，她编造了被哈佛、斯坦福同时录取的惊天谎言。哪知道父母在虚荣心的驱使下，迫不及待地就把这个"喜讯"公布于天下。于是，女孩只好陪着父母继续编造着这个"天才少女"的神话，直到最后陷入丑闻的深渊。

事后，女孩的父亲虽然说他为所有的事情负责，但是却表明自己之前并不知道这些都是自己女儿编造出来的，还以为女儿患上了"说谎狂症"。难道，父母对孩子的行为真的没有一点责任吗？

其实，这个事件中，女孩是最直接的受害者。她虽然优秀，却不足以满足父母的期望；她虽然年少天真，却被父母对名校的渴望和虚荣心迫使走上了错误的道路。

这个故事真的值得父母们深思和反省，反思一下女孩父母身上是否有自己的影子呢？现在很多父母都对自己的孩子报以过高的期望，极力想要让他们上名校、重点；希望自己的孩子是永远的成功者，功课必须门门名列前茅，一旦落到第二名、第三名就严厉地批评；学习各种才艺，获得各种奖励，完全不顾及孩子的能力、个性、天赋。可就是这种家长的期望使得孩子对成功产生了不切实际的想法，甚至做出了那样荒谬的事情来。

或许有些父母会这样说："如果不对孩子要求高一些，不给他们制订远大的目标，孩子能走上成功之路吗？能做成大事吗？"可是，事情往往不像我们所想的那么简单。虽然我们需要培养孩子成才，督促孩子好好学习，但是并不意味着将自己不切实际的期望压在孩子身上。这除了给孩子心里过大的压力，对于孩子的学习和健康成长没有太大的好处，甚至会伤害到孩子。

孩子毕竟是孩子，父母应该想一想，自己像孩子这么大的时候，整天在做什么？是不是每天嬉戏玩闹，自由自在？所以，父母应该改变自己的心态，让孩子走自己的道路，在关键时刻给予孩子支持和理解，以及宽松而自由的爱。如此，孩子才不会被父母过高的期望压垮，才能幸福快乐地成长。

放慢脚步，让孩子慢慢成长

现在很多父母在教育孩子的过程中，往往陷入了"功利误区"。他们期望孩子能够以最快的速度成才，迫不及待地想要孩子掌握所有有用的知识，甚至刚刚让孩子学习某种技能就迫切想要取得成果。

还有很多父母让孩子多学习知识，就只是为了让孩子获得那一纸文凭。比如，一些父母让孩子学习跳舞、钢琴，就是为了通过考级，在升学考试中获得加分；为了让孩子学习某种技能，而开始报选什么英语速成班、"奥数"加强班等等。

事实上，这些父母太看重一时的得失了，太急功近利了，以至于忽略了孩子个性和兴趣的发展。我们不否定，优秀的孩子需要培养，但是真正优秀的孩子并不是靠上各种补习班、强化班"恶补"出来的。同时父母这种急功近利的教育方式也培养不出优秀的孩子。

父母有必要知道，教育是一个漫长的过程，孩子也需要一步一个脚印地成长起来。而在这个过程中，父母不是只需要让他们快速成才、快速掌握某种技能就可以了，更应该让孩子培养人格道德、学习人际交往能力等多种能力。教育孩子是为了让孩子健康地成长，将来成就自己最好的人生。而让孩子学习知识和各种技能，是为了让孩子在这个过程中获得真知，明辨是非，从而让他更好地生存和生活。

如果父母过于看重结果，急功近利，那么只能让孩子走入歧途，致使孩子心灵受到伤害，难以健康发展。父母应该让孩子明白，我们努力并不是为了所谓的结果，也不是为了一时的输赢，我们努力是为了享受这其中的过程，为了充实自己，做更好的自己。正如意大利幼儿教育家马拉古齐教导的那样："在教育孩子的时候，我们应该给孩子足够的时间，我们应该放慢脚步，我们应该学会等待！"

父母们不要误会，我们所说的等待并不是任由孩子肆意发展，不是让孩子坐等天上掉馅饼，也不是要急于取得教育成果，更不要逼迫孩子"尽快"成长。否则，这样的教育只能与自己爱孩子的初衷相悖。

台湾著名成功学大师黑幼龙先生说："养孩子就像种花，要耐心等待花开。"这完全是他教育孩子的心得。

黑幼龙次子黑立国小时候非常叛逆，不认真学习，时常在学校捣乱，学习成绩更是一塌糊涂，甚至多次考试成绩零分。这让黑幼龙感到非常担忧和着急，但是他却不愿意逼迫孩子用功学习，更不愿意利用强制手段来惩罚孩子。因为他知道，除非孩子自己积极主动地学习，否则父母所有的强制和逼迫都是无效的，甚至会让孩子更叛逆。

就这样，黑立国时常闯祸，最严重的一次，他竟然出于好奇，在邻家的一家超市偷了一双手套，被当场抓住。黑幼龙并没有像其他家长一样打骂孩子，而是问清了事实的真相，然后很坚定地做了孩子的靠山。他对孩子说："你犯了很严重的错误，需要认真地反省。但是，只要你认真改过，我们对你的爱就永远不会减少。我不认为你是坏孩子，只是贪玩和调皮了些，只要你愿意改正。"或许从那时起，黑立国就有了些改变吧。

到了高二的时候，黑立国参加了学校的摔跤队，虽然他平时不爱学习、爱捣乱，但是在这里却是成绩最好的队员。和那些成绩非常糟糕的队员相比，教练自然喜欢和赏识他了，同时他也赢得了队员们的喜爱和欢迎。第一次，黑立国发现原来成绩好也能受到别人的喜爱和尊敬。于是他开始发奋学习，把大部分精力都用在学习上，成绩突飞猛进，不仅顺利考上大学，而且还是很难考的医学院。之后，他继续努力学习，不断提高自己，成为学业上的佼佼者，更是在 30 岁那年被提拔为华盛顿大学医院的副院长。

这让所有人都感到震惊，本来不被看好的孩子，居然获得如此大的成绩。其实，黑幼龙的一番话就是最好的解释："很多父母容易认为孩子学习成绩差就没有希望了，但是如果能够慢慢地等待，耐心地教导孩子，孩子将来可能更优秀。"

对于小儿子黑立行，黑幼龙也是采取了这样的教育方式。这个孩子从小就聪慧过人，不像二哥那样叛逆淘气，学习成绩在全校都数一数二，大学则是以优异的成绩考入了斯坦福大学机械工程专业。但是，就在他大学快毕业，前途一片光明的时候，他竟然做起了当电影明星的梦。虽然黑幼龙知道孩子是异想天开，但是却给了他自由选择的权利。他郑重地对孩子说："如果你现在的梦想是当电影明星，那么我同意你大胆地去尝试一下。但是我建议你用一年的时间来尝试，如果成功了，我就不再反对。如果不行，你就应该想好了以后做什么。"

之后，黑立行毅然投身演艺事业，每天辛苦地练发声、学表演，积极地跑剧组、试镜。父亲也是凭借自己的人脉来帮助孩子，希望能够让孩子实现自己的梦想。但是，一年后，黑立行没有任何收获，于是他醒悟了：梦想终究是梦想，自己没有那方面的天赋，即便是浪费再多时间也是白费。他决定放弃自己的演员梦想，回到大学继续学习。

对于很多人来说，黑立行好像是走了弯路，白白浪费了一年的时间。甚至有很多父母还会强烈地反对孩子做这样的事情，因为这只会让孩子失去大好前途。可是黑幼龙却认为这是对孩子更好的教育，只有给孩子自由选择的权利，让孩子为了自己的梦想去尝试，才不会造成他的遗憾。即便是失败了，孩子也能懂得一定的人生道理。

黑幼龙是一位有智慧的父亲，因为他知道什么样的教育是对孩子最好的。面对不爱学习、顽皮叛逆的儿子，他选择了等待，等待着他成长，并给予耐心地教育，而不是强迫孩子好好学习，急切想要孩子提高成绩；面对为了演员梦想而放弃大好前途的儿子，他也选择了等待，给孩子尝试的机会，而不是急切让孩子追求所谓更好的事业。

不管到什么时候，父母都不能太急于求成，迫切让孩子尽快成才。如果父母操之过急，或是功利心太强，而实施了错误的教育方法，不要说禀赋一般的孩子了，就是拥有高超禀赋的孩子也会被扼杀掉。正如黑幼龙所说："我们要对孩子进行慢养，这里所说的慢养并不是时间上的慢，而是说教育孩子不要太担忧、太着急。不求一时的速度与效率，不以当下的表现评断孩子，尊重每个孩子的差异。慢养，可以让孩子发现最好的自己。"

俗话说，"欲速则不达"。在教育孩子方面也不例外。父母如果想要孩子成才成功，那么就应该抛弃功利心，学会耐心地教育和等待。不要操之过急，更不要拔苗助长，否则只会害了孩子！

赢了成绩，却输了更多

在竞争激烈的今天，每个人都不想输给别人，孩子也不例外。所以，现在的父母都非常注重孩子竞争意识的培养，希望孩子可以在将来获得优势。无疑，这对于孩子的成长是有利的，但是过多地给孩子灌输竞争的思想，孩子往往就特别计较胜负，凡事都要争一个输赢，甚至为了赢而绞尽脑汁。

事实上，孩子太看重输赢，其实是父母教育不当的结果。父母太看重输赢，孩子往往就喜欢凡事争个输赢。而父母如果在生活中为了赢采用不正当的手段或是耍心机，那么孩子也会有样学样，把输赢看成比什么都重要。

我们会发现，很多孩子把所有同学和朋友都看成是自己的竞争对手，在学习上想要赢，在评选班干部上想要赢，就连平时小小的游戏比赛都要赢了别人。由于存在了这种想法，有的孩子时刻怀着戒备心理，当同学有问题向他请教的时候，他是绝对不会提供帮助的。因为在他心里，如果自己帮了别人，就是给他们超过自己的机会，自己就会输了。有的孩子为了在考试中获胜，不惜故意制造不爱学习的假象来麻痹他人，回到家里之后再加班加点地学习。更严重的是，有些孩子因为太想赢了，对比自己学习好的同学产生嫉妒心理，故意说同学坏话或是联合其他人孤立同学，甚至做出陷害同学的事情来。

这些孩子虽然赢了成绩或是比赛，但是却输了更多的东西。因为他们对所有人都怀有戒备心理，把所有人都当成敌人，所以一个朋友都没有，也没有人愿意和他相处。当别人一起学习或是游戏的时候，他只能躲在最远的角落，孤零零地一个人。因为他心中只有赢，整天想着如何赢了别人，所以精神压力越来越大，脸上的笑容也越来越少，生活也越来越不快乐。更重要的是，这些孩子还失去了正直的品质，以及良好的人生态度。

成成原本是一个开朗的男孩，和朋友相处快乐，生活也是自由自在。但是，自从上了初中之后，他就像是变了一个人似的，为了考取重点高中，把所有人都当成是敌人，每当看到别人的成绩超过自己的时候，他就感觉不服气和气愤。时间长了，孩子滋生了嫉妒的心理，在各方面都想要超过别人，容忍不了别人比自己更优秀。

初二上半年，初三的校篮球队队长即将面临中考，退出了校队。于是，老师和同学们决定选出新的队长。由于成成和另一位同学都是球队主力，所以原队长向老师推荐了他们两人作为候选人，并且提议谁在之后的中学生篮球联赛中表现优秀，就任命谁是新队长。从进校队那一天起，成成就把当队长作为目标，眼下正是大好机会，他发誓一定要成功当选。可是，两人实力相当，怎么在比赛中出头呢？

第二天，球队进行赛前的加强练习，每个人都摩拳擦掌，希望在比赛中获得优秀成绩。看着同学们在球场上全力拼抢，成成想到了一个主意：在那位同学跳起投篮的时候，不经意地将对方撞倒。结果，这位同学重重地摔在地上，导致脚踝扭伤，不得不长时间休息。而成成因为在篮球联赛中表现突出，带领篮球队取得了不错的成绩，得到了队长的位置。

这一次，没有人发现成成的小伎俩，受伤的同学甚至还安慰他不要内疚和有包袱。这让成成心中感到有些扬扬得意。从那之后，他一发不可收拾，只要是想赢就背地里用些小手段，想办法把对方"踩"下去。时间长了，同学们都发现了他的不择手段和虚伪，于是不愿意再和他交往。

成成因此感到非常苦恼。父母询问他原因，他才道出了真相。爸爸生气地说："你一个孩子怎么这么会要心机，为了赢怎么可以不择手段呢？"这时候，成成大声地反驳说："我还不是和你学的！"成成的话让父母哑口无言，不知怎么反驳。

原来，在成成刚上初中的时候，爸爸升了职加了薪。成成感到非常高兴，为有这样出色的爸爸而骄傲。可偶然间，他听到了爸爸妈妈的对话。妈妈对爸爸说："你不是说，小宋升职的机会大吗？竟然轮到了你，你真是太幸运了！"爸爸得意地说："你以为这只是幸运啊！小宋还傻傻地当我是朋友，连我换了他的方案都不知道。像他这样的傻子，能升职才怪呢！"听了爸爸的话，成成才"豁然开朗"：原来赢是这么简单啊！而这也是成成变化的根本原因。

看到了吧，父母对孩子的影响是非常重大的。所有的父母都不希望孩子成为为了赢而不择手段的人，更不希望孩子成为不正直、没有诚信的人，所以家长应该有大局观，不要太看重得失成败，更不能给孩子做坏的榜样。

身为父母，应该明确地告诉孩子，虽然竞争是残酷的，但是我们参与竞争并不仅仅是为了赢。即便是想要赢，也要光明正大，凭自己的本事去赢，这样才能赢得别人的尊敬，将来才能在社会上立足。如果为了赢，而采取不正当的手段，或许能够得到一时的成功，但是成功也无法维持下去，反而还会失去更多东西。

更何况，很多时候，参加比赛、享受比赛的过程比结果更重要。而在学习这一方面，与获得更高的分数、更好的成绩相比，充分吸收知识、增长自己的见识并不断提升自己的能力才是最重要的。

用平常心来对待竞争和输赢！要记住，努力是自己的，即便最后输给了别人，努力也没有白费，也会获得一定的收获。而只有如此，孩子才能获得真正的成长。

第六章

陪伴：父母的陪伴，
是对孩子最长情的告白

孩子的成长只有一次，错过就没有机会重来。大格局的父母明白，亲子教育是投资回报率最高、最容易成功的事业，再多的物质与金钱都无法代替父母的陪伴。所以，他们不会拿工作忙当借口，更不会用金钱物质搪塞，而是肯多花时间来陪孩子，多些关注、交流、理解等，给予孩子更多的幸福感和安全感。

1个父亲胜过100个校长

古人说，"养不教，父之过。"可见在传统观念中，父亲在家庭教育中担当了非常重要的角色，抚养孩子长大，交给孩子做人做事的道理，帮助孩子改正错误的行为，等等。父亲的力量究竟有多大？我们没有人确切知道。但是我们可以确定的是，一个好的父亲是榜样，教会我们做人做事的道理；一个好的父亲，就像一座高大的山，不仅担负起家庭的重任，还给予孩子安全感；一个好的父亲，就像是一座灯塔，不仅是孩子效仿学习的榜样，更为孩子照亮了前方的道路。

父亲是孩子人生中的榜样，更让孩子获得了很多意想不到的收获。所以，父亲应该重视孩子的教育，平时多和孩子交流和沟通，帮助孩子解决生活和学习中遇到的问题，鼓励孩子思考自己的未来，引导他走上更好的道路。

此外，对于性格和品德的影响，言教远远不如身教。身为父亲应该以身作则，力求做到为人正直，做事坦诚，多关心妻儿和老人，多帮助妻子做一些家务事。这样孩子才能在耳濡目染下，形成正直、坦诚、友爱、善良等好品性。

可现如今，很多父亲每天在外忙事业、忙应酬，把抚养和教育孩子的重任全权交给了妈妈。一些妈妈时常开这样的玩笑，"现在孩子的生活教育全部靠我一个人，这完全就是'丧偶式育儿'。"这或许根本就是一句玩笑话，但却反映了中国目前家庭教育的普遍现状。还有人说，中国的家庭就是"缺席的父亲＋焦虑的母亲＋失控的孩子"，这话虽然有些偏颇，但不无几分真实。

环顾四周，大部分家庭中，孩子的衣食住行，由妈妈管理照料；孩子的学习，由妈妈辅导。不管是周末休息还是节假日，带着孩子游玩的人永远都是妈妈。在孩子整个成长过程中，父亲好像缺席了一般。孩子不仅从早见不到爸爸的身影，就连遇到困难的时候都无法寻求爸爸的帮助，体现了现在绝大部分孩子父爱的缺失。

那么，在孩子的成长过程中，爸爸到底去哪儿了呢？

有些父亲工作确实比较繁忙，每天早出晚归，时常出差，没有时间教育自己的孩子。可有些父亲却认为孩子的生活和教育就应该是妈妈的事情，自己只要赚好钱、养好家就行了。有些父亲长时间不管孩子，好不容易与孩子相处，却不够耐心，看到孩子身上的缺点或是孩子犯错误，就忍不住要打骂。

可事实上，不管是哪种情况，父亲们都应该知道，父亲是家庭中的重要角色，是孩子心中不可或缺的存在。即便是再富裕的物质生活，再多的母爱也不能代替具有特殊地位的父爱。一个孩子一旦缺少了父爱，就会对其心理发育和人格发展造成不良影响，从而阻碍了孩子未来的人生发展。

尤其是对于男孩来说，如果没有父亲的引导，孩子如何学习担当，如何学会勇敢地去面对未来挑战？如果不能时常和父亲相处，孩子如何培养男子汉气概？

英国著名文学家哈伯特说过："一个父亲胜过100个校长。"著名的心理学家格尔迪也曾经说过："父亲是一种独特的存在，对培养孩子有一种特别的力量。"对于每一个孩子来说，父亲不仅仅是一个称谓，孩子需要的也并不是父亲口袋里的钞票。比如说，孩子在父亲的教育下，更容易培养坚韧、勇敢、担当的性格；而孩子在妈妈的教育下，则更多了一些内向、懦弱，甚至是女性化。这并不是完全因为妈妈比较溺爱孩子，时常为孩子一手操办所有事情。

更重要的是，父亲这一角色本身就具有一些妈妈身上没有的特质，比如说沉稳、自立、担当、勇敢等，对于孩子性格的塑造和人格的发展起到了潜移默化的作用。

不仅仅在性格和人格上，缺少父爱的孩子在智力上也存在着差异。有心理学家经过研究发现，孩子的智力发展高低和与父亲接触的密切程度有很大关系。那些每天与父亲接触不少于 2 小时的孩子，其智商明显要比与父亲接触少于 1 小时的孩子高。更有趣的是，父亲对女孩的影响力要比男孩的影响力还要高。简单来说，就是经常接受父亲教育的女孩，要比很少见到父亲的女孩聪明很多。

你或许觉得这有些不可思议，但事实就是如此。所以，父亲不要再因事业繁忙而忽视了孩子的教育，更不要将孩子的教育全权交给妈妈。因为教育孩子不仅是妈妈的责任，也是父亲的责任，这对于孩子心理成长尤为重要。

孩子都是渴望父爱的，当然这份爱并不是仅仅体现在物质上，更应该体现在关心、沟通、教育等行动上。而父亲们真的因为太忙而没时间陪孩子吗？实际上，时间对每个人都是公平的，唯一的差别就是，不同的人管理时间的能力不同，不同的人选择问题的标准不同而已。所谓的没有时间，也不过是父亲们牺牲陪孩子的时间的借口罢了。

父亲们，多和孩子相处相处，有时间不妨带孩子到户外"疯"一把，跟孩子玩游戏，或是和孩子耐心地沟通、交流，让孩子充分感受父亲的爱和力量。如此一来，才能教育出一个幸福、快乐，并且有良好品质的好孩子！

每天一小时的特别时光

现在父母对孩子的培养越来越重视。给孩子最好的物质条件，什么流行买什么，什么贵买什么，生怕在物质上亏待了孩子；给孩子最好的教育，上最好的学校，报各种培训班，即便是在孩子身上投资再多的金钱也不吝啬。

但与此同时，父母陪伴孩子的时间却越来越少了，和孩子之间的交流沟通也越来越少了。每天父母早出晚归地上班，孩子被送到了幼儿园或是小学、中学，直到晚上回家的时候才能再次见到爸爸妈妈。如果遇到了有些爸爸妈妈加班或是有应酬，孩子甚至一天也见不到父母的影子。

当孩子想要找父母倾诉的时候，得到的永远是这句话："好孩子乖，我正忙呢。你自己看一会电视吧。"当孩子过生日的时候，得到的不是真心的祝福和陪伴，而是精致昂贵的礼物。当孩子缠着父母陪自己玩的时候，父母通常会敷衍着说："我这段时间很忙，等忙完之后再陪你好不好？"有些父母甚至不耐烦地训斥说："你就不能等会儿吗？没看到我正在忙吗？"

诚然，父母的工作都非常忙碌，每天都有处理不完的事情，可是要知道孩子的成长只有一次，错过了就没有重来的机会。即便是再昂贵的礼物，也比不上父母的真心陪伴，能够让孩子得到温暖和快乐。如果父母一味忽视孩子，并且以忙碌为理由不陪伴孩子，那么在孩子看来，父母并不把他当回事，认为自己远远没有父母正在做的事情重要。久而久之，孩子的心理就会出现许多问题，孤单、失望、烦躁、孤僻，甚至脾气变得越来越古怪，越来越叛逆。而当孩子心里产生隔阂的时候，父母再想要与他们建立亲密的关系就难上加难了。

一对年轻的夫妇，凭借自己的努力和智慧，成立了颇有前景的公司。随着公司逐渐步入正轨，发展也来越好，夫妻两人也越来越忙碌，只能将孩子交给老人和保姆照顾。为了给孩子最好的教育和环境，他们买了别墅，送孩子进入最好的国际学校，还给孩子报了各种艺术培训班，钢琴、古筝、马术，等等。

可由于缺少父母的陪伴，再加上老人过于溺爱孩子，导致这个十几岁的孩子性格乖张、霸道，生活能力低下，学习上更是懒散懈怠。孩子的学习成绩非常差，上课不认真听讲，爱与老师作对，爱捉弄同学，甚至还时常出入网吧、歌厅等场所。

一次，这个孩子竟然离家出走了。老人和保姆见孩子晚上十点多都没有回家，着急地给父母打电话，甚至差一点报了警。可事后才知道，原来他自己单独一人到外地游玩了，不仅谁也没有告诉，还选择关闭了手机。当父母质问他为什么如此的时候，他气愤地说："你们什么时候管过我？每天就知道忙碌，你们知道我几天没看见你们的影子了吗？既然我对于你们来说是可有可无的，为什么还要这么着急找我？"

父母看到孩子如此表现，万分愧疚，但又不知道如何是好。

其实，尽管这个孩子嘴上说不用父母管，但是内心是非常渴望父母关心和陪伴的。要不然他就不会说出这样的怨言来。为人父母不要认为，只要给孩子提供最好的物质条件就好了，更不要认为只要孩子在学校乖巧就好了。事实上，缺少父母的陪伴，孩子的成长是不完整的，心理更是不健康的。

虽然我们知道没有充足的时间陪伴孩子，并不一定是父母的错误。因为父母确实需要为了生计而奔波忙碌，为了事业而打拼。但是，即便再忙碌的

父母格局有多大，孩子就能走多远

130

人，每天抽出一个小时的时间还是可以的。

如果你说自己忙碌，那么你有一个总统忙？美国前总统奥巴马第一次当选总统的时候，最令自己自豪的事情就是，在他长达21个月的选战中，没有错过一次孩子的家长会。而在任美国总统之后，他每天晚上都会和女儿们一起吃晚餐，耐心地为她们解答所遇到的问题，为她们在学校交朋友的事情出谋划策。

其实，陪伴真的非常简单。当你孩子还很小的时候，你可以安心地给他讲个故事，或是在睡前给他唱首歌，那么他的心中便充满了爱和安全感；当孩子进入青春期后，你可以和孩子一起运动，教他打棒球、网球或桌球，或是读书、听音乐，那么他的心中就会多一些信任和尊重。

如果你真的非常忙碌，那么，陪伴的时间也不必太长，只要一个小时就够了。这一个小时是属于你和孩子的特别时光，没有工作的打扰，没有其他人的参与，放下手机和网络，真心地陪伴孩子，进行心灵上的交流。如此一来，孩子怎么能不感到幸福？

身为父母，不要因为忙碌而忽视了对孩子的陪伴，更不要以忙碌为借口拒绝陪伴孩子。孩子每天都在成长，你不可能在将来去弥补他儿时的缺陷。父母应该为了孩子的身心健康着想，务必要抽出一个小时，尽可能地多陪伴孩子——或是与孩子耐心地交流，或是陪孩子做一些游戏，或是倾听孩子诉说自己的心事、有趣的事。

要知道，这并不是物质能够代替的。只有多交流、多沟通、多陪伴，这样才能给予孩子幸福感和安全感，才能让孩子健康快乐地成长。而只有陪伴孩子成长，父母和孩子才能收获更多意想不到的收获。

你在我身边，可你的眼里并没有我

在我们这个社会，绝大部分孩子都不缺少物质享受，尤其是那些家庭条件好的孩子，更是要什么有什么，要什么父母就给准备什么。孩子缺少的恰巧就是父母的陪伴，真心真意的陪伴。

或许有些家长会说："我时常陪孩子啊！下班之后，周末的时候都会陪伴孩子。"可是，父母不妨反思一下，在陪孩子的时候，自己又在做什么呢？是不是手机不离手，眼睛不离手机呢？

我们或许都看过电视上播放这样的公益广告：一位美丽的妈妈带着漂亮的小女孩到公园游玩，女孩看着妈妈，可妈妈的眼睛却看着手机。接下来，妈妈领着小女孩来到草坪上，手里依然拿着手机，眼睛依然看着手机。即便是孩子摔倒了，大哭不止，妈妈也没有看到，没有听到，更没有停下来安慰孩子。

还有一组画面，一个年轻的爸爸和一个一岁左右的男孩正在餐桌前吃饭，男孩坐在座椅上，等待着爸爸喂自己，而爸爸眼睛却只关注手中的手机。只见这位爸爸夹起盘子中的意大利面，放到了孩子的面前，却没有喂到孩子的嘴里，孩子的脸上也被爸爸弄得乱七八糟。接下来，孩子因为吃不到面条而大哭不止，而爸爸却看着手机中的视频哈哈大笑。

也就是说，虽然很多家长有时间会陪孩子，可他们只是停留在陪同上，却没有真心陪伴孩子。虽然人在孩子身边，看似在陪伴孩子，但是手里却总是拿着手机，眼睛盯着手机屏幕，刷刷朋友圈，或是玩玩游戏，完全没有顾及身边的孩子。这些父母虽然在孩子身边，但心却不在孩子身上，忽视了和孩子的交流。当孩子和他们说话的时候，他们眼睛看着手机，只是应付地说着"嗯""啊""是""好"这样的话。实际上，他们根本就没有认真听孩子说话，更别说知道孩子所说的内容了。当孩子要求他们陪自己玩游戏的时候，他们也时不时看看手机，或是刷刷朋友圈，或是给别人回个短信。结果，导致孩子失去了游戏的兴趣。

和孩子相处的过程中，离不开手机的父母大有人在。据网络上的统计数字显示，有17.8%的父母在与孩子共处时常看手机，51.8%的父母偶尔看手机。可以说，手机已经成了和孩子抢夺父母的最大敌人。尽管父母在孩子的身边，可孩子们却强烈地感受到自己的父母越来越不可靠近，亲子之间似乎存在着一个距离。而这种因为手机而形成的距离是非常可怕的，也许正应了那句话："世界上最遥远的距离，就是我在你身边，而你却在玩手机。你在我身边，可你的眼里却没有我。"

正是因为如此，很多孩子才不禁发出这样的感慨："你在我身边，可你的眼里为什么没有我？""难道你们就不能放下手中的手机，真心地陪伴我一会儿吗？"

是啊，身为父母，难道就不能放下手机，真心地陪伴孩子吗？要知道，父母的忽视对孩子是最大的伤害。当孩子希望你陪伴他的时候，正是他最渴望和父母沟通和交流的时候，也是他最想和父母亲近的时候。如果这个时候父母只顾玩手机，没有接收到他的信息，那么孩子的心灵就会受到严重地伤害。他的内心就会产生这样的想法："我是多余的，父母不再爱我了。在父母眼中，我还没有一部手机重要。""我是不是做错了什么，为什么父母不愿意理我？"

为了"弥补"这种伤害，孩子可能会采取极端的行为来吸引父母的注意。

幼儿可能会采用哭闹、乱砸东西、乱发脾气等方式，而青春期的孩子则会做出打架、不认真学习、与父母作对等叛逆行为。

说白了，父母在陪伴孩子的时候，只顾着自己玩手机其实是一种家庭上的"冷暴力"，是对孩子感情上的冷漠和漠视。这种漠视会让孩子产生孤僻的性格，不愿意和别人沟通，甚至是自闭。同时，孩子也会在潜移默化中变得冷漠起来，封闭自己的感情，对别人漠不关心，甚至是失去了爱的能力。这对于孩子的成长是非常有害的。

不仅如此，那些"低头族"父母不仅伤害了孩子的心理健康，还导致了很多令人痛心的意外。多少次，我们在新闻上看到某某父母因为低头看手机，没有顾及自己的孩子，而导致孩子发生意外，身心都受到了严重的伤害；多少次，我们看到父母因为低头玩手机，没有发现孩子跑到马路上而导致交通意外，不幸身亡……

难道这样令人悲痛的不幸还不能令父母们觉醒吗？

当父母低头看手机的时候，应该多想想自己孩子的感受，想一想自己的行为是否伤害到了他们，想一想自己是否错过了与孩子相处的快乐时光。

陪在孩子身边，不要让手机成为亲子关系的障碍，也不要因为手机而拉开了与孩子之间的距离。父母应该放下手机，好好地陪伴自己的孩子，与孩子共享美好的时光。当孩子长大成人之后，一起回忆当初的点点滴滴，父母才不会有所遗憾，孩子才不会有所怨言。这样一来，不仅会在孩子的脑海中留下美好的记忆，更会让孩子感受到父母的爱和关怀。

陪在孩子身边，与孩子一起探索世界的美好，与孩子一起分享那时的快乐。因为父母的陪伴，是对孩子最长情的告白。

我的快乐你为什么不懂？

老舍曾经说过："在没有孩子的时候，一个人的世界还是未曾发现美洲的时候。小孩是哥伦布，带人到新大陆去。"孩子的想法其实比父母更新奇，更富有想象力，孩子的快乐其实也比父母更简单。他们往往会因为新学了一首歌而快乐不已，走到哪里都唱个不停——尽管有些走调，尽管很多都听不清歌词。他们往往会被极其简单的小东西吸引，乐滋滋地在那里研究半天，即便那只是一张有着小动物的贴纸，即便那只是最简单不过的小玩具。

但在现实中，父母却很少能够体会孩子的快乐，更不愿意走进孩子快乐的世界。听到孩子在唱歌，父母不是嫌弃"吵死了"，就是取笑"真难听"；孩子要求父母加入自己的游戏，父母毫不在意地说"没意思"，甚至还会不耐烦地说："去，去，去，自己一边玩去，不要打扰我！"

这是因为，很多父母在和孩子在一起的时候，忽视了孩子感情上的需求，想要让孩子快乐地成长，但是却不懂得体会和感受孩子的快乐。甚至有些父母排斥和孩子一起玩耍，因为他们觉得跟孩子在一起玩是非常"掉价"和尴尬的事情。然而可悲的是，这样的父母并不在少数。他们往往嘴上说爱孩子、陪伴孩子，可实际上孩子感受到的永远是一盆凉水，觉得父母不可爱可亲，不能体会和懂得自己的快乐，从而导致亲子关系出现了裂痕。

父母要明白，当父母多次拒绝体会孩子快乐的时候，孩子的内心就会产生怀疑："我的快乐，父母为什么不懂？""父母为什么不愿意分享我的快乐？"久而久之，孩子会将愉快、兴奋，甚至是痛苦、委屈全部埋藏在心里，不愿意再和父母诉说和分享，与父母产生一种疏离感。一旦孩子长期处于这样一种"感情阻滞"状态中，便会逐渐对父母失去信心，不愿意相信任何人。等孩子长大成人后，父母再想走进孩子的世界，分享他的快乐，就变得难上加难了。

所以，那些总说爱孩子、陪伴孩子的父母应当明白，只有当你学会了与孩子一起体会快乐，分享快乐，你才会发现：原来走进孩子的世界，体会他们的快乐才是最幸福的事情，才是对孩子最深切的爱！

小爱是一个活泼可爱的女孩，爱玩爱闹，平时妈妈经常说她不像一个女孩子，反而像一个"假小子"，就连她自己都自嘲地说："我就是一个小女汉子！"可与自己玩耍相比，她更愿意让爸爸妈妈与自己一起玩，分享自己的快乐。

一天，爸爸妈妈带着小爱到郊外游玩，那里有山有水，树林中小溪穿过，显得格外惬意。在这样的环境中，小爱的活泼天性就更加显露出来了。她唱着歌，蹚着水，快乐无比。爸爸妈妈坐在树荫下的石头上，看着孩子玩得这么高兴，也感到非常愉快。

这时候，小爱用手捧起一把水，用劲儿地泼向了父母，高兴地说："爸爸妈妈，我们一起玩水吧！"

爸爸笑着说："你自己玩吧。我们是大人，把衣服弄湿了，像什么样子！"

可小爱却不依不饶，妈妈也说："既然孩子愿意和我们玩，就陪孩子吧！今天我们是来郊游的，为什么不快快乐乐的！"

爸爸听了妈妈的话，也只好答应了女儿的要求。爸爸妈妈刚走近小溪，小爱就向他们泼了一捧水，妈妈笑着说："好啊，你竟然偷袭我们，看我们怎么收拾你！"说着就快步踏入了小溪，向女儿反击……

两个大人、一个孩子痛快地玩耍着。虽然每个人的衣服、头发都湿透了，显得有些狼狈，但是看着孩子玩得哈哈大笑的样子，爸爸妈妈也开心地笑了起来。

这次郊游让小爱父母认识到，想要让孩子更快乐，最重要的还是与他们一起分享快乐。在这个过程中，孩子不仅可以体会玩耍的乐趣，更感受到了爸爸妈妈的陪伴和理解。而作为父母，他们走进了孩子的内心，给予了孩子更多的幸福感和满足感。

中国著名儿童画家温泉源就曾经说过这样一段话："我为孩子们画画，画故事连环画，画童话插图，就得像孩子那么想，那么看，于是嘛，也就有一颗童心啦！"正是因为他走进了孩子的世界，把自己放在孩子的位置上，体会和感受孩子的快乐，所以才赢得了小朋友的喜爱。

其实，每一对父母都曾经是孩子，都有一颗隐藏着的童心。只是由于思想变得成熟，或是迫于社会的种种压力而失去或隐藏了自己的童心。父母不要排斥与孩子一起分享快乐，更不要认为孩子的快乐是幼稚的。要明白，这是你走进孩子世界的关键，更是让孩子体会父母的爱的关键。我们只有保持自己的童心，满足孩子感情上的需求，才能和孩子相近、相亲、相知。

而对于孩子来说，他们的要求并不高，只需要你耐心地陪伴他们，并且体会和分享他们的快乐，那么他们就满足了，就觉得父母是爱他们的。作为父母，我们或许不能决定孩子的未来，因为他有自己的人生。但是我们却可以让孩子更快乐！

更重要的是，感受和体会孩子的快乐，不是敷衍了事，而是应该细心观察，让孩子拥有孩子的视角和童心，让自己真正走进孩子的世界。当孩子愉快地趴在地上研究小蚂蚁的时候，你不妨也蹲下来，好奇地说："这些小蚂蚁为什么要搬家？"当孩子不怕山坡的陡峭，努力攀爬的时候，你不妨也加入进来，和孩子来一场愉快的比赛。当孩子因为赢得了比赛而欢呼雀跃的时候，你不妨也面带笑容地蹦蹦跳跳，让孩子感受到：原来爸爸妈妈也懂我的快乐，原来爸爸妈妈也因为我的快乐而快乐！

所以，父母在每天的生活中，不仅要多与孩子在一起，更要与他们一起感受欢乐与惊喜。事实上，你这样做了之后，就会发现：自己是世界上最幸福的父母，而孩子则是世界上最快乐的孩子！

平等交流，和孩子做朋友

孩子每天都在成长，终究有一天他们会长大成人，不再依赖父母。所以父母都想要给予孩子更多的幸福和快乐，让他们能够健康顺利地成长。那么，在孩子成长的过程中，父母应该如何高质量地陪伴孩子呢？

想要真正给予孩子最好的陪伴，就是要平等地和孩子沟通交流，把孩子当成自己的朋友，如此一来，孩子和父母的心灵才能越来越贴近。事实上，虽然父母是长辈，但是家庭成员之间的关系应该是平等的，孩子应该受到真正的尊重。

著名作家周国平曾经说："与孩子做朋友，才是做父母最高的境界。所谓做孩子的朋友，就是不把孩子当成宠物和工作，而是把他看成是一个正在成形的独立的人格，不但要爱他疼他，而且还要给予足够的信任和尊重。凡是孩子自己的事情，父母既不能越俎代庖，也不能横加干涉，而是应该怀着爱心加以关注，以平等的态度和孩子商量。"而作为父母，"被自己的孩子视为亲密的朋友，才是所能获得的最大成功"。

有一些父母在这一点上就做得非常好，他们始终把孩子当成是朋友，给予孩子发表意见和参与家庭事务的权利。随着社会的发展，中国父母变得越来越开明，很多人努力想要和孩子做朋友，希望形成一个平等自由的亲子交流氛围。

不过说起来容易做起来难，很少有父母能够真正地和孩子成为朋友。绝大部分父母爱孩子，但是也爱在孩子面前摆家长威风；想要孩子变得独立自主，却一直企图主导着孩子的世界。不管是爸爸还是妈妈，父母都会摆出这样的姿态：我是你的家长，你必须听我的，在这个家我说了算，你没有提意见和反驳的权利。

陈聪非常爱自己的女儿，平时不仅在物质上尽量满足女儿的要求，每天还尽量抽出时间来陪孩子玩。她觉得父母的陪伴是对孩子最好的爱和教育，也自信自己给予了孩子最好的陪伴。可是，最近发生的一件事却让陈聪对自己的教育产生了怀疑。

原来，女儿老师最近布置了一篇题为《我的妈妈》的作文，作文开始是这样写的："我的妈妈非常漂亮，高高的个子，白皙的脸上戴着一副眼镜，显得非常文静。妈妈非常爱我，总是满足我的要求，也时常陪着我玩耍。"

看到这里，陈聪感到非常欣慰，暗暗夸奖女儿懂事，可是，接着向下看的时候，陈聪就呆住了，因为女儿的作文中写道："我爱我的妈妈，可是有一点遗憾的是，妈妈从来不把我当成朋友，一点也不尊重我。她宠爱我，却凡事喜欢为我做主，从来不征求我的意见。即便我提出了自己的看法，妈妈也二话不说地否决掉。妈妈对我好，可是也爱在我面前摆架子。我想和妈妈像朋友一样平等地交流，我不想成为妈妈的附属品……"

陈聪没有想到，女儿竟然对自己有这么多意见。开始，她有些气恼，认为自己把女儿娇惯得无法无天，一个小孩子听父母的话就好了，还讲什么尊重和交流！我这么做不都是为了她好吗？真是不懂父母的苦心！

可是，仔细想一想，陈聪发现原来自己真的存在女儿所说的问题，平时总是以命令的口吻和孩子说话，也没有太在意和孩子进行谈心。孩子也是渴望尊重和理解的，谁说父母就不能和孩子做朋友？

从此以后，陈聪改变了与女儿的交流方式。比如家中有什么事情需要作决定的时候，会征求孩子的意见；比如孩子情绪不高的时候，她会放下手中的活儿，耐心地询问女儿不高兴的原因，倾听女儿诉说自己的烦恼；更重要的是，陈聪开始尊重女儿的独立人格，绝不干涉孩子与朋友交往，绝不窥探孩子的隐私。

正是因为陈聪真正理解和尊重孩子，像和朋友一样和孩子交流沟通，母女两人的关系更加亲密了。而女儿的自立自强的意识也逐渐增强，在学习和生活中也大大增强了自信心。

看得出，陈聪是爱女儿的，也希望给孩子最好的陪伴。但是她在宠爱和关心孩子的同时，却忽略了对孩子的尊重，平时和孩子交流时也是以强势的家长姿态出现的。正因为如此，女儿爱自己的妈妈，知道妈妈也爱自己，却始终无法做到心灵的贴近。

父母应该明白，自己和孩子之间是平等的，孩子不是我们的附属品。他是一个独立的、有生命的个体，他们有自己的个性和意识。所以，不管面对多大的孩子，父母都应该抛弃居高临下的心理和强势独断的姿态，只有把孩子当成朋友，做到平等自由的对话，才能赢得孩子的信任，才能培养出更优秀的孩子。

在现实生活中，很多父母经常抱怨，孩子什么事情都不告诉自己，自己一点都不知道孩子心里想什么，甚至感觉有时候孩子和自己还有些疏远感。其实这都是因为父母不能尊重孩子而引起的。这些父母平时不给孩子和自己交流的机会，孩子有什么秘密或是高兴、伤心的事情想要倾诉，父母只会不耐烦地打断孩子；孩子想要发表自己的意见，父母不仅不尊重孩子，反而时常训斥孩子，"你这么小，哪有那么多意见，乖乖就我的话就好了！"如此一来，孩子感觉自己不被父母尊重，以后有什么事情自然就不会和父母交流了。

更严重的是，如果父母把孩子看成了自己的附属品，甚至实现自己人生理想的工具，其结果只能是扼杀了孩子的独立人格，使孩子的人生和灵魂都不完整。试想，孩子想和你做朋友的时候，你却以家长的姿态命令他，孩子如何向你倾诉心声？孩子想和你平等交流的时候，你却不分青红皂白地打断，孩子如何与你亲近？

所以，父母如果想要走进孩子的内心世界，给予孩子高质量的陪伴，就应该学会多倾听孩子的心声和尊重孩子的意见，让孩子分享他的喜悦和悲伤，从而使孩子得到更好地成长。

第七章

思维：有些事或许没想象中美好，
但也不会很糟糕

用什么样的思维看世界，世界就是什么样子的。大格局的父母会给孩子大格局的思维，那就是生活的好与坏，人生的幸与不幸，环境的好与劣都不是命中注定的，而是我们自己的选择。当孩子学会以积极、主动、乐观的态度去思考和行动，那么也就能在变幻莫测的世界健康快乐地成长。

嘴角习惯性上扬15度

英国诗人雪莱说："微笑，实在是仁爱的象征，快乐的源泉，亲近别人的媒介。有了微笑，人类的感情就沟通了。"微笑是这个世界上最美的表情，可以让这个世界更加灿烂。微笑也是一种良好的行为状态和心理状态，它可以让孩子健康快乐地成长，以积极乐观的状态去思考和做事。

可我们却发现，现在很多孩子虽然年纪小小，本应该天真烂漫，心中却装着很多事情，时常为了一点小事忧郁、悲伤，突然就变得情绪低落，或是沉默寡言喜欢独处。这样的状态让孩子失去了很多的快乐，也让父母感到焦虑不已。小小年纪就失去了微笑，就这么忧郁，这是多么可怕又可悲的事情！

我们的孩子需要微笑，我们的孩子需要快乐，因为在他们幼小的心灵中，微笑就是阳光和雨露，就是不可或缺的营养。正因为如此，父母在关注孩子学习进步、生活无忧的同时，更应该关注孩子的心态。看看我们的孩子是否心事重重、忧郁不已，看看我们的孩子是否学会了真诚地对自己、对每个人微笑。

如果发现你的孩子有忧郁的表现，那么不妨让他练习这个动作，嘴角上扬15度。当孩子习惯了这个动作，脸上的表情自然就会轻松起来，内心的忧郁自然就会被驱除，生活也自然会充满了幸福和快乐。

微笑是最简单的表情，只需要嘴角上扬15度就可以了。可这又是最有魔力和魅力的表情，不仅可以驱赶你内心的阴霾，消除你的忧郁，让自己快乐起来，还可以感染周围的所有人，给别人带来快乐和阳光。

一个忧郁的年轻人整天愁眉苦脸的，找不到生活的乐趣。一天他来到一位老师面前："老师，我非常不快乐。你能告诉我跳出忧郁的深渊的方法吗？我没有一个朋友，生活很痛苦，我也想像其他人一样尽情地在草地上玩耍。"

老师说："微笑吧！向所有一切微笑，你会快乐起来！"

这个年轻人说："可是，我没有微笑的理由。我为什么要微笑呢？"

老师笑着说："当你第一次对别人微笑的时候，就不需要任何理由了。"

年轻人又接着说："那么，之后呢？第二次我也不需要任何理由吗？以后的微笑都不需要理由吗？"

老师回答说："以后，微笑的理由就会主动来找你。"

年轻人没有听懂上帝的话，但是他却按照这个方法去做了，尝试着第一次微笑，不管任何的理由……

一年后，年轻人又来到老师的面前，他已经从一个忧郁者变成了一个快乐的人。现在他脸上充满了自信、乐观，看起来非常阳光年轻，嘴角微微地向上扬起，总是挂着真诚的微笑。

老师笑着问他："现在，你的生活怎么样？你找到了微笑的理由了吗？"

年轻人回答说："我现在非常幸福，有很多朋友，随时可以尽情地享受生活。我找到了太多微笑的理由。第一次，我尝试着对那位给我送牛奶的年轻人微笑，以前我总是冷漠地面对他，甚至连一句感谢都没有。他也给了我一个大大的微笑，这时候，我觉得天空变得更蓝了，牛奶要比以前更新鲜美味，送牛奶的年轻人离去时哼着的歌也那么动听。

"第二次，一位侍者不小心把菜汤洒在我身上，我给了他一个微笑，轻声说不要紧，而不是像往常一样大声呵斥他太笨了。侍者真诚地向我道歉，并且感激我的宽容和善良。这时候，我的微笑驱除了我内心聚集的忧郁，让人与人之间充盈着温情和宽容。

"后来，我习惯地把微笑挂在脸上，对自己的孩子微笑，对自己的爱人微笑，对街边上乞讨的乞丐微笑，甚至向我的竞争对手微笑……我习惯向每一个人微笑，而微笑让我收获了更多的东西，赞美、感激、信任、尊重……当然，最重要的是它让我的内心不再忧郁，让我更加快乐、自信、乐观。"

最后，老师笑着说："你终于找到了微笑的理由。"

没错，微笑没有任何理由，同时，任何事情都可以成为我们微笑的理由。既然微笑可以带给我们自信、赞美、信任、尊重等，也可以让我们获得快乐的人生，为什么我们还要让自己愁眉苦脸呢？

我们的孩子需要微笑，需要以积极乐观的心态开始美好的新生活。所以，父母应该让我们的孩子学会微笑，对自己、对亲人、对周围的人，也是对生活中的每一个人。这样一来，孩子才能在成长的过程中形成积极乐观的性格和心态，获得更多的快乐。

父母应该让孩子知道，微笑是一种神奇的力量。对自己微笑，可以使自己充满自信地迎接每一天；对身边的人微笑，可以使自己顺利地融入集体，赢得更多的朋友；对陌生人微笑，可以瞬间融化隔阂和冷漠，让整个世界都变得温暖无比……

当然，父母还应该知道的是，微笑和打哈欠一样，是相互传染和影响的。如果你的孩子许久不曾微笑过，那么除了孩子性格上的原因，我们是不是还要反思一下自己，平时的自己是否缺少这样的表情？如果你在孩子面前整天闷闷不乐，愁眉苦脸，那么孩子如何在你面前展露笑容，如何习惯微笑着面对每一个人、每一件事？

身为父母，不仅要教会孩子微笑，更要将孩子包围在一个微笑快乐的世界中。每天都给孩子一个灿烂的微笑。如此一来，孩子就会慢慢习惯微笑，用微笑来面对别人、面对每一件事情、面对生活和未来！

一个看到泥土，另一个看到繁星

两个人从窗口往外看，一个看到的是地上灰暗的泥土，另一个看到的却是满天的繁星。于是前者痛苦万分，悲观绝望；后者却是快乐无比，对生活充满了希望和向往。同样的境遇，由于看待问题的思维和心态不同，其结果必然也是大相径庭。

让我们来看看一对美国兄弟的故事吧。

这对兄弟虽然生活在同一个家庭中，受到的教育也相同，但是性格却大相径庭。哥哥性格积极乐观，不管遇到什么事情都能往好的一面想，弟弟却正好相反，每天都唉声叹气的，看待事情非常悲观。他们的父母希望弟弟的性格能够改变一些，于是便每天教育弟弟向哥哥学习，可效果却不明显。之后，父母想出了一个办法，将乐观的哥哥锁在堆满马粪的屋子，而把悲观的弟弟锁进装满玩具的漂亮屋子里。看看他们有什么反应和变化。

一个小时之后，父母走进弟弟的屋子，原本以为他会高兴地玩着玩具。可令父母没有想到的是，弟弟正坐在屋子的角落中哭泣，满脸都是沮丧和悲伤的神情。父母不解地问道："这里有那么多好玩的玩具，你为什么还要哭泣呢？"弟弟抽泣地说："原本我看到这么多漂亮的玩具非常高兴，可是刚玩了一会儿就不小心把这个玩具弄坏了。我担心你们会责备我。"就这样，弟弟因为不小心弄坏了玩具，担心父母的责备，便放弃了满屋子的玩具，哭泣着等待着父母的责备。父母看到这样的情形，只能无奈地摇摇头。

接着，父母又来到哥哥的屋子，原本以为这样坏的环境会令孩了沮丧。可是当他们走进去的时候，却发现哥哥正兴奋地用小铲子铲着马粪，原本堆得满地的马粪已经被他铲到了墙角。虽然他满脸是汗水，浑身也脏兮兮的，可依然神采奕奕。看到父母来了，他高兴地说："爸爸妈妈，这里有这么多马粪，附近一定有一匹漂亮的小马。我最喜欢小马了，我现在必须为它清理出一块干净的地方来，这样它就可以舒舒服服地生活了，以后我还可以和小马玩耍。"

看看哥哥和弟弟的表现，我们不难看出，心态乐观的人不管到了什么地方，遇到什么糟糕的情况，他们眼中看到的、心里想到的永远都是好的一面。哥哥被关在又脏又臭的马厩中，可是他没有担心自己的糟糕处境，没有抱怨环境的恶劣，却想到了可爱的小马；悲观的人即便处在再好的环境中，碰到再好的事情，他们眼中看到的、心里想到的也是坏的一面。弟弟虽然身处漂亮的房间，拥有很多好玩的玩具，可却因为不小心弄坏的玩具，而陷入了担忧和恐惧之中，最终白白浪费了这么多好玩的玩具。事实上，我们可以断定，即便弟弟没有弄坏玩具，那么他也会遇到其他的麻烦，比如在玩的过程中，担心弄坏了这些玩具，又或者担心自己早晚会失去这些玩具。因为他就是一个悲观的人，总认为坏的事情早晚会不断涌现。

毋庸置疑，每个父母都希望自己的孩子能够拥有积极乐观的性格。没有一个父母，愿意看到自己的孩子被悲观情绪所笼罩，除了自怨自艾，就是抱怨连连；更没有一个父母，愿意看到自己的孩子内心忧郁，每天都是愁眉苦脸的，生活在悲伤和痛苦之中。这不仅会让孩子失去生活乐趣，更会让他在将来变得畏首畏尾，不敢迎接人生的挑战。

可令父母感到忧心的是，今天的孩子绝大部分都缺少积极乐观的心态，动不动就哭泣，一遇到不如意的事情就悲伤，时常担心自己把事情搞砸，等等。比如，同学们一起外出郊游的时候，别人都在享受美好的时光，他却看着天空中飘着的几朵白云，担心万一下雨怎么办；考试结束后，虽然他成绩不错，可偏偏因为错了那么一道题而埋怨自己；遇到一次小失败，就觉得自己太笨了，不可能完成某个任务……

这是因为我们的孩子心智尚不完善，除了性格的问题之外，他们看待问题往往是片面的，容易"钻牛角尖"的。我们不能否认，每个孩子的性格都是先天的，有的孩子活泼开朗，有的孩子内敛文静，有的孩子是急性子，有的孩子天生就沉稳老成。但是一个孩子的思维模式、心态情绪却还是和后天的生活环境有很大关系的。

心理学家也发现，乐观思想是可以培养的，即便孩子天生比较内向悲观，也可以通过后天的努力来实现。正因为如此，身为父母才应该给孩子大格局的思维，让孩子学会以积极、主动、乐观的态度去思考，抛弃那些悲观的想法。如此，孩子才可以看到不一样的世界，才能改变自己的生活和人生。

在日常生活中，父母应该多灌输给孩子一些乐观主义的认识，让孩子明白，快乐的事情永远都是普遍的。即便是有不顺心的事情发生，那也只是暂时的，只要我们乐观地对待，积极努力向上，生活依然是美好的。

当然，这样的教育并不是口头说教就可以了。培养孩子积极乐观的性格，让孩子能够看到满天的繁星，更取决于父母生活中点滴的培养和感染。一旦父母为了一些小事难为孩子，责备孩子，或是总埋怨孩子这也做不到那也做不好，就会无形中让孩子变得悲观和自卑起来。同时，父母自己也必须要有乐观积极的态度，不管是在生活中还是在工作中，不管是遇到困难还是不顺心的事情，都必须坚强地面对。因为你的态度，会直接影响孩子的心理和做法！

用什么样的思维看世界，世界就是什么样子。一个积极乐观的孩子，不仅拥有良好的心态和快乐的生活，还可以为将来的事业奠定基础。而一个悲观的孩子，只会看到糟糕的情况，即便他已经身处良好的环境。如此一来，生活又怎么快乐，未来又如何美好？

所以，你的孩子是看到泥土还是繁星，这就要看你给他的教育了！

经历失败，也可以成为你的亮点

现实生活中，很多父母不愿意看到孩子失败，不管是游戏还是考试，还是参加各种竞赛，总是想办法让孩子赢。但是，这样的教育对孩子成长并没有太大的好处。

其实，失败比成功要好得多，让孩子经历失败，比经历成功更重要。或许有父母会说："人人都希望成功，成功才是一个人优秀的标志，怎么能让孩子经历失败呢？""让孩子经历失败不会打击他的自信吗？"

父母应该知道，孩子是否经历失败并不是重点，关键在于他们对待失败的态度。如果孩子太在乎输赢，那么一旦失败就会丧失信心；如果孩子把失败当成耻辱，那么一旦失败就会承受不了打击；如果孩子把失败当成成功道路上的绊脚石，那么就会逃避和惧怕失败。

其实，失败并不是耻辱，更不是成功道路上的绊脚石。美国人曾经做过一次调查，发现那些成功的人也是经历失败最多的人。就算是世界上最卓越的人才，失败的次数也并不比成功的次数少。

只要孩子以乐观积极的心态面对失败，那么它就不只是人们迈向成功应该付出的代价，更是人生道路上不可多得的一笔财富。当孩子选择积极乐观地面对失败的时候，失败就会成为他们人生道路上的亮点。这是因为，失败可以让人们吸取更多的经验和教训，不断地提升自己的能力，还可以让人不断反思自己，努力把自己变得更好、更优秀。

有一个人从小就"非常倒霉"，厄运和失败总是伴随着他：父母未婚生子，把他抛弃了，而他只能被送入孤儿院；他努力地学习，想要做一个优秀的人，可从小学到高中，不管他怎么努力，成绩永远也进不了前十名；只要参加比赛，他一定是输的那一方；后来他高考落榜，只能早早步入社会参加工作，求职时也屡屡被淘汰。

从小到大他经历了无数次失败，别人都觉得命运太捉弄人了，可是他却非常乐观，总是笑着和别人说："虽然我经历了无数次失败，但是我也学习到了很多东西。"有人不解地问他到底学到了什么。他却轻松地回答："失败的经验和教训。当我学到所有失败的教训之后，就不会再失败了。这些失败的经历会成为我人生中的亮点，让我逐渐走向成功。"

所有人都觉得他是自我安慰，是十足的阿Q精神，但是事实证明，他所说的并没有错。在他28岁的时候，他终于赢来了自己的机会和成功。因为他在求职时被淘汰过无数次，所以懂得如何应对面试官的考验以及许多突如其来的难题，最终被高分录取。因为他曾经有过诸多失败教训，凡事都能考虑周全，所以为公司避免了很多可能发生的损失，所以受到了领导的重用。更因为他失败了无数次，所以非常珍惜这次得来不易的机会，在工作中尽职尽责而被多次提拔，从此事业和人生也开始顺风顺水。

尽管没有人愿意让孩子面临失败，但是失败总是不可避免的。然而，失败也并不完全是坏事，关键在于你用什么样的思维和心态来看待失败。就好像你不小心掉入池塘，弄得浑身湿漉漉，但说不定上岸的时候，口袋中或许会装进一条鱼呢。所以，父母应该给孩子大格局的思维，不要为了失败而伤心难过、自暴自弃，而是教会孩子以积极乐观的心态去面对失败，吸取失败的经验和教训。那么孩子就不会把失败当成是耻辱，孩子经历的失败就会成为他身上最大的亮点。

正如马丁·塞利格曼在《教出乐观的孩子》中说过的一句话："孩子要想成功，必须学会接受失败，感觉痛苦，然后不断努力，直至成功来临，每一过程都不能回避。失败和痛苦是构成成功和喜悦最基本的元素。"

而身为父母，不要想办法让孩子避免失败，更不要给孩子灌输失败是可耻的想法。让孩子体验失败的滋味未必不是好事，它不仅可以培养孩子克服困难的勇气，还可以磨炼孩子的意志，更可以让孩子收获更多的经验和教训。

比如说，孩子失败的原因可能是自己能力不足，找到这个原因之后，孩子获得成功的同时，能力自然也就得到了提高。再比如说，孩子失败的原因是努力程度不够，找到原因之后，孩子再做事情的时候自然就更加努力和勤奋了。

所以说，只要让孩子认真、坦然地面对失败，自然就会提升自我修养，最终超越失败，走向成功。

别把问题放大，情况没有那么糟

生活中有幸运也有不幸，有快乐和幸福，也有不少问题和麻烦。有的人总是喜欢向好的一方面想，把问题和麻烦大而化小。可也有的人恰恰相反，他们总是习惯将问题放在放大镜下，什么事情都往坏处想。即便是小小的问题和挫折，也会被无限度地放大，以至于心情越来越糟，甚至影响到自己的生活和健康。

尤其是绝大多数孩子都有一个习惯，那就是将问题放大无数倍，把事情想得太糟糕。原本一件很简单、很小的事情，但是由于孩子把它想象得很糟糕，觉得解决它困难重重，所以就会对自己失去了信心，丧失了尝试解决它的勇气。因为他们除了知道自己面临着问题，却不知道这个问题的底细，更不知道这样糟糕的情况什么时候才能结束，会不会给自己带来更严重的后果。

这个时候，父母就应该给予孩子帮助，告诉孩子情况或许没有那么糟糕。这样，孩子得到父母积极的鼓励和暗示，就会放松心态，继而克服困难，解决掉所面临的问题。

事实上，每个孩子的人生旅途，都不可避免地遇到这样那样的问题，考试失利、功课不佳、比赛失败、家庭失和、情感不顺，等等，这些都是他们必须经历的。所以，当孩子遇到问题的时候，父母千万不要跟随着孩子伤心难过，更不应该总是给孩子消极悲观的暗示。父母只有积极乐观地看待问题，并且用这种情绪和心态来影响自己的孩子，让他相信事情并没有那么糟糕，他能够很快走出困境、解决问题。

一个小男孩在与朋友玩耍的时候，把手臂弄骨折了，长时间内必须打石膏休养。看到自己的手臂动也不能动，必须打上厚厚的石膏，还时不时感到疼痛，孩子害怕极了。他在心里想："我是不是残废了，手臂是不是永远都不能动了？"

这时候，父亲看到了孩子的焦虑和担心，便对他说："你手臂虽然骨折了，但是情况并没有那么糟糕。你现在感觉有些疼痛，说明它不是没有知觉啊，说明它还能动，是不是？经过一段时间静养后，手臂自然就恢复健康了。"

孩子听了爸爸的话之后，感到了些许安慰，再也不担心自己手臂动不了了。可是他又在担心自己是不是永远都要戴着这厚厚的石膏，苦恼石膏给自己带来的不便和麻烦。爸爸笑着说："只要你手臂基本恢复了，石膏就可以去掉了。虽然戴着石膏有些不便，但是它硬硬的，才能避免你手臂再受伤啊。再说你不觉得这石膏像钢铁侠的盔甲吗？"之后，爸爸在男孩的石膏上画上了一些图案，还贴上了钢铁侠的贴纸，这样男孩不仅不再嫌弃石膏麻烦，还喜欢上了它。

一段时间后，男孩的石膏终于被取掉了，可是他还是有些担心，手臂始终保持原来的姿势，不敢动作太大，也不敢拿什么东西。爸爸觉得孩子是把自己的情况想得太糟糕了，于是便想了个主意：把自己的手臂也抬起来，不随意乱动，也不敢拿东西。男孩好奇地问："爸爸，你手臂没有受伤，为什么总是这样？"

爸爸说："医生说你的手臂也好了，为什么你总是担心呢？"男孩知道爸爸这是为了自己，于是便尝试着活动手臂，拿自己拿得动的东西。此时，他发现原来事情没有自己想象的那么糟糕，手臂完全可以自由活动了。看到孩子不再担心，爸爸也欣慰地笑了。

通常情况下，孩子把问题扩大化，把情况想得很糟糕，那是由于他们心智不成熟，认识世界的能力有限，或是经历还不那么丰富，自信心不足。于是，他们就会通过父母的态度来猜测和判断自己所处的处境。如果父母给孩子积极、乐观的暗示，那么孩子自然可以以轻松的态度面对问题，并且顺利地渡过难关，解决问题。相反，如果父母也把事情想得太严重，给孩子消极、悲观的暗示，那么孩子就会把问题继续扩大，认为情况糟糕无比，从而产生恐惧、退缩的心理。时间长了，孩子就会变得越来越懦弱，遇到问题首先想到的就是放弃。

上面例子中，男孩的爸爸是位聪明、有智慧的父亲。他知道孩子担心的问题是什么，知道孩子容易夸张地对待自己的伤痛，所以他一再给予孩子暗示：你的伤并不严重，你很快就会康复；你虽然遇到了麻烦，但是情况并没有那么糟糕。正因为孩子接到了这样的信号，所以孩子的心情也变得明朗起来，面对问题也变得积极、乐观起来。我们相信，在父亲的教育下，这个男孩将来必定会以积极、主动、乐观的心态去思考和行动的。

父母要让孩子明白一个道理：我们难免会遇到一些问题或是不愉快的事情，如果把这些放大，事情不但不会好转，还会越来越糟糕。不妨让孩子对自己说，"这只是一个小问题，没有什么了不起的"，或是鼓励孩子，"你要相信自己，情况会好转的。"

接受自己的不完美，就是变好的开始

有一句话说，每个人都是被上帝咬过一口的苹果，所以人注定是不完美的。

或许是孩子本身性格的原因，也或许是受到父母教育的影响，我们发现很多孩子身上有追求完美的成分。他们无法接受自己的缺陷和不足，会因为自己体态比别人胖而自卑，不敢在别人面前表现自己；他们时常进行自我否定，一旦事情做得不完善、不顺利，就责怪自己考虑得不周全，为什么平时不再努力一些；他们做什么都极力想要成功，一旦发生了意外，就开始自怨自艾，觉得自己不中用，"是个十足的笨蛋"。

正是因为他们想要成为一个优秀而又成功的人，所以才不能接受自己的不完美，厌恶自己的缺点、失败。也正是因为如此，这些孩子变得越来越自卑，越来越不自信，甚至是遇到事情就逃避、退缩。这时候，父母的引导和教育就显得尤为重要了。

父母应该拥有大格局的思维，让孩子明白，这个世界上，完美的人和事物都是不存在的。一个再优秀的人，其自身也存在着这样那样的缺点错误，也会有面对失败与挫折的时候。他们之所以能够成为优秀的人，是因为他们能够正确地认识和评价自己，能够接纳那个不完美的自己，然后增强自己的能力，或是集中精力去发掘自身的潜力。

当父母发现自己的孩子因为缺点而情绪低落的时候，或是因为做了傻事、错事而自怨自艾的时候，父母应该站出来，让孩子停止对自己的挑剔和责备，要让孩子正视和接受自己的不完美。

或许有父母会说："让孩子接受自己的缺点，会不会让孩子不思进取，甚至是自暴自弃？"事实正好相反，如果一个人能够正视并接纳自己的缺点和不完美，那么就意味着他已经认识到了自己的局限性，对自己有一个客观正确的评价。只有如此，他们才能根据自己的实际情况，不断地提升和完善自己，从而使自己一步一个脚印地迈向成功。而不接受自己缺点的人，会因为对自己产生怀疑，从而很难鼓起勇气对自己提出更高的要求。即便是在别人看来，他们能够做得更出色。

父母应该知道，每个孩子都不可能是完美的，即便是再优秀的孩子，也不可能在每一个方面都表现出色。那么当孩子某些方面表现得不完美的时候，父母应该从大格局的思维出发，引导孩子接受自己。

琪琪从幼儿园开始，最不喜欢上手工课了，因为她总是不能顺利完成老师布置的任务。她的手不像其他孩子那样灵巧，当其他小朋友捏出可爱的小鸭子时，她却捏得丑丑的，捏出来的东西也是鸡不像鸡鸭子不像鸭子。好几次，琪琪都受到了小朋友们的嘲笑。

为此，琪琪感到非常苦恼，觉得自己就是一个大笨蛋。这时候妈妈对孩子说："你捏的东西确实不好看，可能手也不如别人的灵巧，但是你也努力做了啊。如果你享受上手工课的乐趣，那么捏出来的东西好看不好看，就没有那么重要了。再说，每个人的能力不同，你可能不如别人手巧，可是你也有很多他们没有的优点。"

妈妈的话让孩子正视并接受了自己的不足，她高兴地说："对啊！虽然小朋友们觉得我捏的东西丑，但是我却觉得很有趣。再说，我虽然不如别人手巧，但是我唱歌很好听啊，他们都喜欢听我唱歌。"从那以后，虽然琪琪的手工依然没有别人精致漂亮，但是她却不讨厌手工课了，因为她享受的是这个过程。

等上了小学后，琪琪又开始对体育课发愁了。虽然她身材并不算胖，但是手脚却肉乎乎的，协调性也不是很好，所以很多体育项目做得都不达标。比如，跑步的时候，她总是没有其他人跑得快，总是落在最后一名；跳绳的时候，别的同学一分钟能跳100多个，她却只能跳30多个；甚至连最基本的广播体操，她都有些跟不上音乐的节奏。就连体育老师也经常说她"笨"。

为此，琪琪掉了好几次眼泪，觉得自己又笨又蠢。妈妈知道了孩子的苦恼，便耐心地对她说："孩子，你在体育上确实有很多不足，但是这并没什么大不了的。只要你比别人努力些，多锻炼锻炼，自然就有所改善。妈妈很欣慰，你可以认识到自己的不足，但是这还不够，你还应该学会成长和提高自己。妈妈小时候体育也很不好，还不如你做得好呢，但是你看我现在不也是健身达人吗？"

听了妈妈的话，琪琪释然了，不再为了自己的不完美而哭泣，而是尝试着多练习。经过一段时间，情况果然有了很大的改善。

接受，是变好的开始。而接受自己的不完美，也是孩子改变自己、提升自己的开始。有大格局的父母，会用积极乐观的态度去看待问题，更会用自己的积极乐观来影响孩子，使孩子不把时间和精力浪费在自责和沮丧之上。如此一来，孩子不仅可以变得更加乐观，更可以少走很多的弯路。

对于孩子来说，因为年纪小、阅历浅、心智尚未成熟，他们往往不能正确地看待自己的不完美。这是正常的现象，但是这并不意味着父母就可以忽视了对孩子的积极引导。想要让孩子接受自己的不完美，父母就应该不去苛求完美，对孩子的缺点和不足百般挑剔，而是应该多给予孩子肯定和支持，帮助孩子战胜缺点，发扬优点。当你做到这些的时候，你的孩子自然会变得自信快乐起来，而你所做的一切，也是对孩子最好的爱。

相反，如果父母对于孩子的不完美表现得无法接受，迫使孩子做出改变，企图让孩子成为你眼中完美的孩子。那么孩子自然就会认为自己是最糟糕的，是被父母嫌弃的。在这种情绪的主导下，孩子的心灵就会受到极大的伤害，甚至会对自己产生厌恶的心理。

因此，父母应该让孩子学会无条件地积极接纳自己，不管是优秀的自己，还是不优秀的自己。不管是优点，还是缺点。不管他们的外表性格是被人喜欢，还是不被人喜欢。当孩子不因自身的优点而骄傲，也不因自身的不完美而自卑，坦然地接受现实中的自己，这时候，孩子才能不断地让自己变得更好，变得更加美丽自信，并且发现原来自己身上也有那么多可爱之处。

幸与不幸，在于你的选择

．

我们的生活有好也有坏，有幸福也有痛苦，这些都是我们必须经历和承受的。对于孩子也是如此。虽然所有的父母都希望自己的孩子幸福快乐，人生过得顺畅无比，但是很多时候不幸就这样突然降临了，让人猝不及防。

或许有些孩子天生存在着缺陷，或是行动不便，或是语言能力不强；或许有些孩子遭遇了家庭的变故，父母关系紧张甚至是离异；或许有些孩子生活贫困，尽管父母拼命地工作，却无法给予孩子更好的生活条件。但是，父母应该告诉自己的孩子：每个人都会遇到各种各样的难题，在这个过程中，快乐和痛苦、幸和不幸总是结伴而行。孩子来到这个世界上，他们的道路还很长。幸与不幸，并不在于现在所处的处境，而是做出什么样的选择。

幸与不幸，就像是硬币的两面，不幸在正面，那么幸福就会转到反面。但是当你努力把幸福放在正面的时候，不幸就会远离你的视线。纵观这个世界上，有多少幸运成功的人都是通过不懈的努力扭转了自己的不幸，比如，著名音乐家贝多芬，小时候就犯上了中耳炎，导致听力受损，但是这并没有打消他音乐的梦想。对生活和音乐的热爱，让他战胜了病痛，所以他才会对人们说"卓越人的一大优点是：在不利与艰难的遭遇里百折不挠"。

环境的恶劣、生活的不幸，确实会给人们带来很多痛苦，让人们想要放弃。更何况是年幼的孩子。但是，父母必须要明白，苗要长大，就要接受风雨的洗礼，孩子要成长也必须要经历生活的考验。告诉孩子，用乐观的眼光看世界和生活的不幸，用积极的心态去发现生活中的美好阳光。只要孩子眼睛不再只盯着不幸，做出积极正确的选择，那么任何困境和不幸都只是人生的插曲和历练。

我们不妨来看这样一个故事。

他是一个生活贫困、一无所有的孩子，但是从小到大他都不怀疑自己有出头的那一天。因为父母时常告诉他，生活的好与坏都不是命中注定的，是我们自己选择的。如果你积极进取，不放弃过好生活的梦想，那么就终有脱离贫困，迈向幸福生活的那一天。这种积极心态在他以后的生活中起到了积极的作用，不管遇到什么困难，他都积极努力解决问题，不管陷入什么样的困境，他都不沮丧、不气馁。

23岁那年，为了摆脱贫困的生活，他四处借钱想做一些生意。当时他看到孩子们都对沙漏感兴趣，觉得肯定有市场，于是便开办了一家小沙漏厂。随着生意越来越好，他和家人的生活也变得好了起来。可是，没过几年，孩子们就对沙漏失去了兴趣。是啊，孩子们本来就没有什么常性，更容易对能够吸引他们的玩具产生兴趣。但是，他的沙漏厂却面临着倒闭的危险，最后不得不停止生产。

生活再次陷入了困境，他没有抱怨自己的运气不好，也没有垂头丧气，而是坚信自己有能力东山再起。在这段时间，他的大脑始终没有停止过思考，一直在寻找投资新项目的机会。有一天，他悠闲地翻着赛马杂志，偶然看到了这样一段话："马匹在现代社会失去了原本的运输功能，但又以高娱乐价值的面目出现了。"或许别人看到这段话会很快忘记，但是却激发了他的灵感。他想："既然赛马远远比运输马匹值钱，那么我为什么不能给沙漏寻找更有价值的用途呢？"

于是，他把全部心思都投入到如何开发沙漏的新用途上，经过了几天的思考斟酌，一个新构思浮现出来——做限时沙漏。其实，这个新用途和沙漏原本的计时功能非常相似，只是他进行了限时设计。简单来说就是，把沙漏装在电话机旁，在 3 分钟内，沙漏完成由上至下地下落。这样一来，人们就可以有效地控制打长途电话的时间。限时沙漏的制作也非常简单，只要把沙漏两端嵌上一个精致的小木板，再接上一条铜链，然后用螺丝固定在电话机旁就可以了。虽然这是一个再简单不过的小玩意儿，但是却让人们有效地控制时间，节省日常开支。所以，限时沙漏一上市就受到了热烈欢迎，每月就能卖出几万只。

在生活陷入困境的时候，他没有抱怨也没有放弃，而是积极地思考和行动，所以不仅让停产的沙漏厂重新焕发了生机，更让自己的人生得到了彻底的改变。

试想，如果他小时候没有积极的心态和不服输的志气，情况会怎么样？如果在沙漏厂陷入困境的时候，他消极悲观，只是抱怨自己的不幸，情况又会怎么样？答案显而易见。他的人生只会充满了不幸和坎坷，一生都将过着贫困而不幸的生活。

人生幸与不幸，完全是靠我们自己的选择。既然如此，我们为什么不换一个角度来思考问题？所以父母应该给孩子大格局思维，教导他们用积极乐观的心态去思考，面对生活和学习中的挫折和困境。

当然，想要让孩子做出正确的选择，父母首先自己就应该先接受，并以积极勇敢的心态来面对。在父母的影响下，孩子自然就可以变得更加成熟。

第八章

胆量：生命就是一场冒险，
有多勇敢就有多精彩

父母过度地保护孩子，不想让孩子冒险，将来就有更大的危险。因为一时的安全极有可能抹去孩子的胆量和勇气，造成性格上的依赖和胆怯。所以鼓励孩子明智地冒险，勇敢地尝试新事物，有意识地给他提供能独立自主的机会，使孩子永远相信自己的力量，才是父母给予孩子最深切的爱。

要想知道梨子的滋味，就要亲口去尝一尝

人们常说，想要知道梨子的滋味，就要亲口去尝一尝。你不亲自去品尝，又怎么知道梨子究竟是酸还是甜呢？

然而，现在很多父母过度地保护自己的孩子：孩子要学游泳，家长怕出危险就进行阻止；孩子想爬树，家长怕摔着就不允许……他们不想让孩子去冒险，害怕孩子过早地品尝失败的滋味，宁愿自己多受一点苦和累，也要帮助孩子处理所有的事情。当孩子主动做某件事情的时候，父母又担心孩子做不好，或是做多了会累，总是急于帮忙孩子解决问题。还有一些父母甚至常常不知所措地跟在孩子身后，恨不得所有事情都替孩子代劳。

这些父母忽视了一件很重要的事情，他们这种不给孩子尝试的做法，实际上并不是对孩子的爱，而是对孩子一种更深的伤害。因为孩子失去了尝试的机会，失去了主动做事的积极性，久而久之，就会造成性格上的依赖和胆怯，失去了尝试的勇气和胆量。

毋庸置疑，每个父母都希望自己的孩子自信、勇敢，将来的生活更加丰富多彩。可有些父母的做法却恰恰抹去了孩子的胆量和勇气，甚至是阻碍了孩子健康成长。

孩子的成长应该是顺其自然的，父母应该鼓励孩子勇敢地去尝试。只有他们亲自去尝试了，才能够知道什么应该做什么不应该做，才知道什么适合

自己什么不适合自己；只有他们亲自去尝试了，主动地面对和解决困难，才能有战胜困境的勇气，才能提高自己解决问题的能力。相反的，如果父母总是担心孩子做不好，凡事都抢着为孩子代劳，那么他永远也学不会独立，永远只能在父母的庇护下，得不到健康的成长。

小兵的妈妈非常爱自己的孩子，从孩子刚出生开始就对他悉心照顾，生怕孩子受到什么委屈，甚至为了照顾孩子而把工作辞掉了，做起了全职妈妈。她每天跟在孩子后面，为孩子包办所有事情，穿衣、吃饭、喝水、睡觉……

可随着孩子年龄的增长，小兵也有了自主意识，想要尝试更多新鲜的事物。比如别的小朋友到了一年级都可以独自参加夏令营，他也想要参加；别的同学都参加了足球队，他也想要尝试一下；还比如与小朋友发生了矛盾，别的同学都可以自己解决，他也想要如此。可小兵妈妈太小心翼翼，担心孩子受到伤害，担心孩子因为做不到而沮丧，全部否决了孩子所有的跃跃欲试。

一次，在体育课上，小兵和同学们一起踢球，由于对方的进攻速度太快，不小心将防守的小兵撞倒，导致膝盖擦伤了。虽然对方犯规了，但是却拒不承认自己的错误，反而说小兵"假摔"。于是，两人便争吵起来，后来还发生了肢体冲突，幸好体育老师及时赶来，矛盾才得以解决。

回到家之后，妈妈看到小兵膝盖擦伤了，就问起缘由。小兵如实相告，谁知妈妈当时就发火了："明明就是他犯规，让你受了伤，怎么还恶人先告状呢？你告诉我那个同学的名字，我一定要找他家长和老师，让他们处理这个孩子！"

小兵立即说："我没事的，妈妈！你不要大惊小怪的。踢球的时候发生冲突是很正常的，我们能自己解决，你不要担心了。"

没想到小兵妈妈第二天放学前竟然找到了班主任，希望班主任处理那个"不讲理"的同学。之后，她竟然又找到了那个同学，当着全班同学的面严厉"教训"了他，最后在老师的一再劝说下才罢休。

看到妈妈这样，小兵感到非常气愤又羞愧。事实上，小兵和那个同学早在上学的时候就已经"冰释前嫌"了，双方都认识并承认了自己的错误。这一下，妈妈反而让事情变得更加糟糕起来。回家之后，小兵非常气愤地说："我已经长大了，你能不能别什么事都替我处理！你什么都不让我尝试，什么都替我做，我将来怎么独立生活？"

妈妈听到儿子的话，愣在那里，心想："难道我自己真的做错了吗？"

没错，小兵妈妈对于孩子太过于保护了，让孩子失去了独立自主和尝试的机会。要知道，孩子虽然年纪小，但是也是独立自主的人，需要在体验和尝试的过程中成长。而这种成长是孩子必不可少的，更是父母不能够代替的。如果父母什么都为孩子做，过度保护孩子，那么他就会失去尝试的机会和勇气，就会在将来变得懦弱又无能。

我们不可否认，父母都是爱孩子的，都想要竭尽全力地保护孩子。但是这种做法或许是父母太"一厢情愿"了。因为孩子对这个世界充满着好奇和探索欲望，他们更想去尝试、去冒险，即便是遭遇失败和伤害。父母只顾着自己的感受，而不顾孩子的感受和成长，势必给孩子的成长带来不利影响，还会激起孩子的逆反心理。

固然，现在孩子还小，或许缺乏解决问题的正确方法，或许还可能遭遇到失败和挫折，可就是在这个过程中，孩子还学习到了相关知识，并且得到了成长和进步。父母现在可以帮助孩子，可将来呢？你能永远跟在孩子身边吗？你能永远帮助他们解决所有事情吗？不给孩子尝试的机会，不让孩子独立行动，将来他们又怎么独立自主，又怎么创造属于自己的事业和生活？

所以，在教育孩子的时候，父母应该有一定的远见，不要过度地保护孩子，孩子自身应该做而又能做的事也不要包办代替，多鼓励孩子自己去做自己的事情，多鼓励孩子勇敢地去尝试自己想做的事情。久而久之，孩子才能形成独立的能力，才能相信自己的力量。只有在尝试中，孩子才能验证自己的想法，发现自己的不足，并且努力做出改变。

身为父母，大胆放手吧！当孩子想知道梨子的滋味时，鼓励孩子大胆地尝试："你不亲口尝一尝，又怎么知道它的滋味！"当孩子遇到困难的时候，不要为孩子解决问题，而是对他说："去大胆尝试吧！没试过你怎么知道自己不能成功！"当孩子想要做某件事情的时候，和孩子说："去尝试吧！没试过，你怎么知道感不感兴趣！"

放心让孩子尝试着去做一些事情，当孩子敢于大胆地尝试，就会惊奇地发现，孩子将变得越来越自信，越来越有胆量和勇气。

大英雄从不害怕做决定

在中国，很多父母对孩子的爱是无微不至的，生怕孩子受到一点伤害，所以他们对孩子更多的是保护，而不是放开手脚，让孩子学会独立自主。有些父母在处理孩子事情的时候，通常会认为："孩子还小，什么都不懂，还是我替他决定吧！"他们时常不让孩子做选择，总是忍不住为自己的孩子做决定。比如决定是否报兴趣班，决定是学习舞蹈，还是学习画画。还有些家长，孩子不管做什么事情，他们都事先考虑好，替孩子做主，从来不让孩子做，更别说让孩子自己做决定了。

可是，孩子也有自己的想法，如果孩子的想法得不到父母的关注，且所有的事情都由父母决定，那么他们的自主意识就会被抑制，将来会严重缺乏判断和选择能力。而且孩子失去了做事、思考、说话的机会，总是按照父母意志去做事，很容易被捆住手脚，束缚住思想。到那时，父母即便想让他们自己为自己的人生大事做决定，恐怕他们也没有这种意识和能力了。就像是三国时期的诸葛亮，凡事都事必躬亲，鞠躬尽瘁，为阿斗做好了万全之策，其结果，不但是累坏了自己的身体，反而还培养了一个"扶不起的阿斗"。

"生命的价值在于选择。"在生活和学习中，孩子需要的不是父母的保护，而是应该懂得如何管理好自己，如何做最好的自己。当孩子还小的时候，他们需要决定自己的兴趣、爱好，是爱好跳舞，还是爱好唱歌；决定周末的时候是选择看电影还是做运动；决定学习的时候自己是预习功课还是先做作业……而等到孩子长大成人，进入社会之后，孩子必须敢于决定自己从事什么职业，决定选择什么样的爱人，决定自己选择怎样的人生道路，等等。

有大格局的家长，不会替孩子做决定，反而会鼓励孩子自己做决定。因为他们知道，这是孩子必须经历的过程，只有让孩子养成独立自主的意识，才能让孩子对自己充满信心，才能形成勇敢、独立的性格。更重要的是，父母多给孩子自主决定的机会，孩子也会感到被尊重、被信任，从而给他带来自豪感和成就，使他们对将来的生活更有把握。

一位 6 岁小女孩的妈妈想要培养孩子的兴趣，准备给孩子报兴趣班。这么做不是因为她想让孩子"随大流"，而确实是孩子自己想去学。孩子以前接触过画画，对画画也有很浓厚的兴趣，可以说美术是兴趣班的首选。可是，孩子也很想学舞蹈，因为班上很多孩子都报了舞蹈班，而且孩子本身的身体条件也非常适合学习舞蹈。

这个妈妈并没有根据自己的意愿为孩子做主，而是想听听孩子自己的意见。她对孩子说："你不是一直想要参加兴趣班吗？你看看，你想学什么？"

孩子思考了一会儿，说："我想画画，也想学习跳舞。可是一时间又不知道怎么选择。妈妈我可以同时报两个吗？"

妈妈说："当然不可以了。一下子报两个班，你怎么学得过来啊！"

孩子为难地说："那我怎么选择啊！画画和跳舞我都非常喜欢，我该选择哪一个啊？你能帮助我吗？"

妈妈说："我也知道你两者都喜欢，但是这是你自己的事情，必须自己做决定。你好好考虑一下吧！"

经过了一天之后，妈妈又问起了孩子，可孩子说还是没有想好。到了第三天，孩子还是犹犹豫豫，没有做出决定。看着孩子如此，妈妈给孩子下了最后通牒，"孩子，你今天必须做好决定，因为明天我就去给你报名了！"

这时候，孩子立即着急地说："不行妈妈，我还没想好呢！难道你就不能帮助我吗？"

妈妈语重心长地说："当然不可以！每个人都必须敢于为自己的事情做决定。现在这么小的事情，你都不能做出选择，长大之后，面临大事又怎么能果断呢？虽然你是小孩子，但是从小就必须学会敢于决定，不能害怕做出选择，因为生活中每一件事都要经过选择。因为我不能总是为你做决定。"

这时候，妈妈又说："我知道，有时候做决定很困难，尤其是对你们小孩子来说，就更难了。虽然我不能帮你决定，但是却可以给你些建议。你愿意听妈妈的建议吗？"

孩子立即肯定地点点头。妈妈说："你不妨思考一下，在画画和舞蹈之中，你最喜欢什么呢？你觉得自己的自身条件，最适合学什么呢？"

孩子沉思了一会儿，说："我还是最喜欢画画，因为我喜欢用画笔画出五颜六色的图画。所以我决定报美术班了！"

其实，每个孩子在生活中，都会遇到很多做出选择和放弃的机会。而很多孩子不敢做出决定，总是左右摇摆，犹豫不决，是因为他们对自己没有信心，不敢为自己的决定负责任。这个时候，父母就应该多鼓励孩子，让他们勇敢地面对自己，敢于为自己做决定。

父母应该明白，与其事事帮孩子做决定，不如教会孩子如何做决定。当孩子犹豫不决，不敢做出决定时，父母应该给予积极合理的建议，为孩子分析利弊，让孩子大胆地做出自己的选择，而不是为孩子做决定，帮孩子做出选择。这是因为，如果父母帮孩子做了太多的决定，就会让孩子形成一种依赖心理："反正有父母帮我做决定，我就没有必要费心了。"一旦这种心理形成了，孩子的成长就会受到很大的限制，将来对于工作、爱情、生活、事业等，都难以独自做决定。这样一来，孩子如何能够在人生的岔路口做好选择？如何能够在关键时刻果断地下决定，又如何能够为自己营造美好的人生？

要知道，那些有所成就的大英雄，从来不怕做决定，不管到什么时候他们都能做到自信而又果断。想要孩子有所成就的父母，放开自己的双手吧，让孩子自己学着自行决定。这样一来，孩子长大后才能有效地管理自我、控制自我，更好地成就自我。

就像是人们常说的，每个人都应该敢于为自己的人生做决定，尽管因为年轻，他会遇到一些挫折，但是这些挫折最终会和成就在一起，让他感受到生命的精彩和价值。更重要的，这是他自己的人生！

大家都没做的，正是你该做的

很多父母总希望自己的孩子是一个听话、乖巧的好孩子。当孩子淘气时，便认为孩子不听话，随口就数落孩子不乖；当孩子尝试做自己喜欢的事情，特别是有些冒险的事情，比如攀高、跳跃，或是野外冒险游戏时，父母就会抱怨孩子总是不断闯祸，甚至会约束孩子的行为。而随着年龄的增长，孩子越发想要做自己没有做过的事情，越发想要冒险。这时候，父母就会严厉地说："不行！你不可以这样做！""不行，这是危险的！你必须规矩一些！"

因为在父母的眼中，孩子正处于不断成长的时期，不看紧点，就有可能出现大问题！不是给自己带来安全隐患，就是会遇到挫折和失败，心里受到了伤害。于是，父母给孩子造了一个大笼子，把孩子限制在里面，无时无刻不教育孩子这不要做那也不要做。结果，孩子是听话了，变得乖了，也循规蹈矩了，却也变得越来越不敢尝试，做什么事情都唯唯诺诺，甚至是连走出父母臂膀的勇气都没有。

所以说，如果你的孩子很乖巧、很听话，不敢越"雷池"一步，那么这没有什么可开心的，更没有什么可炫耀的。父母应该反省自己的教育，是否因为自己的过于保护以及严格约束扼杀了孩子的勇气和探索欲望。当然，如果你的孩子是一个总喜欢和你对着干的淘气鬼，时常做一些"不合规矩"的事情，时常做出令人意想不到的事情，那么也不要抱怨。因为这就是他们探索和尝试的表现。

简单来说，敢做、敢尝试就是成功的根源。这一点对于孩子来说，更是如此。

路路是一个闲不住的孩子，总是喜欢弄弄这弄弄那，越是别人不敢做的事情，他就越要做。虽然爸爸妈妈觉得这个孩子太淘气了，但是觉得孩子敢于尝试也是不错的，便没有多加约束。

一天，路路拿出了家里一只非常破旧的钟表，据说是爷爷奶奶结婚时购买的，用了很多年，后来经常走走停停的，便被放在了储藏室中。路路说："这个钟表很漂亮，为什么不修一修呢？"

妈妈说："这样的古董钟早已经停产了，配件都买不到了，也没有人会修理，等会儿我把它扔掉吧！"路路说："反正你也打算丢掉了。不如让我修修吧！修坏了也没有什么可惜的。"妈妈听了觉得很在理，就同意了孩子的意见。

就这样，孩子兴奋地研究起那只钟表来。他先是小心翼翼地把旧钟拆开，扫除了内部堆积的尘土，然后检查里面所有的零件是否有损坏。为了研究里面的构造，他还专门上网找了相关资料，查找问题出在哪里。然后他又按照资料把每一个零件调整好，安装起来，调整表针、表盘……就这样，拆了又装，装了又拆，花了大半天的时间，竟然把钟表修好了！

爸爸妈妈都高兴极了，因为不仅爷爷奶奶的结婚纪念品被修好了，孩子的尝试能力和探索精神也实在让人感到惊讶！

事实上，不管是婴幼儿时期的孩子，还是青春期的孩子，他们都对这个世界充满了好奇心和征服欲，渴望通过冒险和探索来了解甚至是征服这个世界。在这个过程中，他们不仅可以体会快乐和成就感，更可以锻炼自己的能力，提高自己的勇气和自信心。但是，我们会惊讶地发现，等孩子长大之后，有些孩子思维活跃，自信勇敢，做什么事情都永远在前面，好像无论做什么都可以游刃有余；而有的孩子却思维僵化，胆小怕事，做什么事情总是跟在别人的屁股后面。

虽然我们不可否认，这与孩子的个性和天性有点关系，但是更重要的还是父母后天的教育导致的。试想，一个孩子总是被父母教育要听话，不能做冒险的事情，那么他怎么敢做别人没有做过的事情呢？一个孩子总是被父母保护在臂膀下，从来都是循规蹈矩，那么他又怎么有走在别人前面的意识呢？

正如一位教育学家曾经说过的："父母对孩子约束越多，孩子越是循规蹈矩，越是胆怯。但另一方面，他又会表现出极端情绪。"孩子变得怯懦和无能，相信没有一个父母愿意看到。每个父母都希望自己的孩子自信、勇敢、有魄力，将来能够独当一面，做出一番事业来。但是父母限制孩子，保护孩子的做法，却无形中给孩子套上了一个枷锁。

所以说，教育孩子听话、乖巧是短视父母的做法，因为这时候不想让孩子冒险，不想让孩子尝试，那么将来孩子就会面临更大的风险。在一些家庭，父母会有意识地让孩子去冒险和尝试，给孩子探索的自由，希望通过这样的行为，让孩子更加勇敢、自信、独立自主，以及拥有克服困难挫折的品质和能力。

父母不要把孩子胆怯、不勇敢推脱到先天的性格上，而是应该给孩子正确的教育。在教育孩子的过程中，父母千万不要过于约束孩子，而是应该鼓励和支持孩子的明智的冒险行为，多鼓励孩子去尝试、去冒险，对孩子说："大家都没有做的，正是你该做的。"如此孩子的胆量才能越来越大。而当孩子不断地探索和尝试新的事物，或是别人不敢尝试的事情时，他们才能收获更多的东西。如此，才是父母给予孩子最深切的爱，最正确的教育。

而对于孩子来说，让他们去尝试，不管是成功也好，失败也罢，这都是一种成长和体验，更是他们人生中不可多得的财富。

当然，鼓励孩子冒险，并不是让孩子肆意妄为，明知道做这事情有危险，会伤害到孩子，却坐视不管。聪明的父母不会把所有的心思都扑在孩子身上，处处约束和保护孩子，而是给孩子一个尝试新事物的机会，一个独立自主决定自己想要做的事情的机会。如此一来，一个自信、勇敢的孩子就会站在你的面前。

总替孩子收拾残局，他怎么敢于担当

生活中，经常听到父母发这样的牢骚："我家孩子真是不争气，总是在外面惹麻烦，让我给他收拾残局。""孩子犯了错误不敢承认，还往别人身上赖，现在的孩子怎么这么会推卸责任呢！""孩子遇到问题不是找我帮忙，就是想办法逃避，这究竟应该怎么办呢？"

其实，孩子这些表现都是不能做到独自承担责任的表现，一旦遇到了问题或是犯了错误，首先想到的不是承担，而是逃避或是寻求父母帮助。而不能承担责任的孩子，不仅会给父母带来一大堆麻烦，还会导致孩子责任心缺失，随意地肆意地犯错误、闯祸捣乱。因为在他们心中会有这样的想法："反正我惹了麻烦，爸爸妈妈会替我解决，那我还怕什么呢？""反正我遇到了问题，爸爸妈妈会帮助我解决，那我还着什么急呢？"

所以说，在教育孩子的过程中，父母必须要培养孩子的责任感和担当意识，教会孩子承担自己应该承担的责任，让孩子遇到问题自己解决。这对他现在的学习和生活以及未来的人生都有着深远的影响。

或许有一些父母觉得这样对孩子太苛刻了，还会说："孩子这么小，还不懂事，能承担什么责任啊！""孩子都会犯错误的，长大就好了！"可是不要忘记了，父母越是对孩子迁就、纵容，孩子的行为就越过分；父母越是总替孩子收拾残局，他们就越认识不到自己的错误和问题，不把责任放在心上，将来也无法对自己、他人负责。试想，如果孩子现在连一点小事都不能担当，将来又怎能担当起大任呢？

以前，有一个美国小男孩，他非常调皮，而且总是为自己所犯下的错误找借口，甚至是把责任推卸给他人。父母认为他这是不负责任的表现，长此以往肯定会缺乏担当和责任心，于是他们开始教育孩子，试图让他成为一名敢于为自己所做下的事负责的男子汉。

一天，男孩踢足球的时候，一不小心踢碎了邻居家的玻璃。邻居非常不高兴，要求他赔 15 美元。可一个几岁的小男孩怎么能有这么多钱！于是，他只好向爸爸妈妈寻求帮助。爸爸妈妈知道这是教育孩子的好机会，便要求他对自己的过失负责。爸爸郑重地对男孩说：“你自己犯了错误，就必须承担责任。我们可以帮你，但是绝不能代替你承担责任。所以，这个问题你必须承担后果。”

男孩说：“可是我自己没有那么多钱啊！”

爸爸说：“这个问题我考虑到了，我可以借给你。但是你必须在一年之内将钱还给我。”

男孩说：“我怎么来偿还呢？一年后，我还是没有钱啊！”

爸爸说：“你可以攒下自己的零花钱。你也可以帮家里或是别人打工来赚取更多的零花钱。”

从这之后，男孩总是把父母给的零花钱省下来，还通过给家里和邻居割草、送报纸赚钱。经过一年的努力，他终于攒够了 15 美元，还给了爸爸。这件事情让男孩知道了责任的重要性，他开始逐渐改变身上的毛病，敢于承担自己所做的事情。

这个男孩父母的做法很值得我们思考。如果换了我们现在的父母，很多人往往会为孩子来收拾残局：替孩子赔礼道歉，或是找到邻居，希望通过成人之间的方法来解决问题。因为他们觉得孩子还小，虽然犯了错，但是却没有独立承担责任的能力。然而，时间长了，孩子就会认为父母为自己收拾残局是理所当然的，认为自己犯错也不必承担任何责任。

最好的教育方法，就是把解决问题的责任和权利留给孩子，让他们自己想办法解决。即便孩子需要父母的帮助，也应该让孩子明白，这是你应该承担的，没有人可以为你负责。就像著名教育家茨格拉夫人所说的："必须教育孩子懂得他们的一举一动能产生的后果，那么随着时间的推移，孩子们一定会学得很有责任感的。"在教育孩子的时候，父母一定要让孩子明白，每个人都应该为自己的行为承担责任，不管这结果是好的还是坏的，不管是受到表扬还是批评。因为只有学会了承担自己的责任，才能变得坚强，才能真正地成长。

父母千万不要时常对孩子说："这不是你的问题，都是别人的错。""犯错不要紧，妈妈会为你解决的。"更不要对孩子说，"这个问题对你来说太难了，我来为你解决吧！"否则，父母就只能跟在孩子屁股后面，为他们收拾残局了。父母应当试着对孩子说："犯了错，就应该勇敢地承担！你应该为自己的错误负责！""你自己的问题，就应该自己独立解决。就算是爸爸妈妈也不能总是为你善后！"这些听起来似乎都是小问题，但是如果父母在日常生活中，不能强化孩子的责任意识，那么孩子就会习惯性地推卸责任，甚至是以自我为中心，丝毫没有担当。

当然，想要孩子敢于担当，敢于独立承担责任，父母也应该以身作则，承担起对家庭和社会的责任，遇到问题不逃避，勇敢地面对。因为如果父母自己尚且做不到敢于担当，又有什么资格来要求孩子呢？

勇敢些，没什么可怕的

我们的人生需要不停地向前，需要不断地迎接挑战，而勇敢就是一种必需的态度和历练。所以，身为父母应该给孩子的性格中多注入一些勇气，不管遇到什么事情，都告诉孩子没有什么可怕的。让孩子在成长的过程中，变得越来越勇敢。

可事实上，我们却发现，生活中很多孩子胆小怯懦，缺少勇气：小一点的孩子怕天黑、怕打雷，不敢独自一个人睡觉；大一些的孩子怕和陌生人打招呼，上学后不敢和同学们交往，更不敢在课堂上回答问题；还有些孩子即便是受了欺负也不敢反抗，就连向老师和父母反映情况也是小心翼翼……

不可否认，孩子由于缺乏生存经验和足够的能力，或者有时比较脆弱和敏感，所以时常对陌生事情感到害怕，会对危险感到恐惧。这是在孩子成长过程中不可避免的。但是孩子过于胆小怕事，做什么事情都缺乏勇气，那就是大问题了。

身为父母，不要以为孩子天生就胆小，更不要因为自己的过分保护而让孩子逐渐抹去了原本的勇气和胆量。这是因为，如果在教育孩子的过程中，父母不能让孩子战胜胆小的心理，变得勇敢一点、自信一些，那么将影响孩子将来的生活，甚至使其一生都成为胆小懦弱的人。

这绝对不是危言耸听，没有勇气的孩子，很难在这个社会上立足。也许小时候，还有父母的帮助和支持，不会造成什么严重的后果，但是随着孩子年龄的增长，进而进入社会后，就会因为胆小和缺乏勇气而失去更多的机会。甚至是，即便机会就摆在他们面前，他们也没有勇气做些什么，以至于错过原本属于自己的成功和幸福。

小威是一个聪明的男孩，可就是有些胆小，平时在家里比较活泼，可到了外面就不一样了，看起来怯怯懦懦的。更重要的是，他做什么都小心翼翼，没有一丝男孩子的勇敢劲儿。比如同学们一起去郊游，路过一条宽不到两米、深只有二三十厘米的小溪。别的同学都大胆地蹚水过去，就连女同学都过去了，他却站在小溪边不敢动，嘴里还念念有词地说："这不会有危险吧！这水已经到了膝盖了，如果踩到石头滑倒了，就糟糕了！"尽管同学们都鼓励他，给他加油，但是他还是绕了很大一段路程，选择了小桥过来。再比如，他从来不参加足球、篮球这样的运动，因为怕运动的时候受伤，怕和别人发生冲突。

其实，小威这样胆小、缺乏勇气是和爷爷奶奶的娇惯有直接关系的。由于小威父母工作繁忙，所以爷爷奶奶就担当起照顾孩子的重任。对于这个宝贝大孙子，老人自然宠爱得不得了，简直是捧在手心怕摔了，含在口里怕化了，生怕孩子受到一点委屈和伤害。父母平时又很少和孩子交流，即便是发现孩子有些胆小内向，也认为长大些就好了，没有太放在心上。

可是，等到孩子上了中学之后，小威父亲却发现，虽然孩子年龄越来越大，但是胆怯心理仍然没有改观。这让父亲非常着急，"一个男孩子怎么能这么胆小呢？"所以，他时常命令孩子勇敢些，不要害怕这害怕那。但是，由于孩子的性格已经形成了，又怎么那么容易改变呢？

应该值得我们注意的是，孩子的胆小怕事、缺乏勇气，在很大程度上正是因为父母的不当教育造成的。在现实生活中，很多父母把孩子当成了易碎的宝贝，怕磕着碰着、怕遇到什么危险的事情，所以总是把孩子带在身边，什么事都不放心让孩子做，更别说危险的事情了。尤其是，对于那些天性比较胆小、内向的孩子，父母更是保护得密不透风，极少让孩子单独做什么事情。这样一来，孩子就一直胆小下去，更别提坚强勇敢了。

正如一位美国教育家说过的：如果把一个人的一生比作瓷器，那么孩童时代就是制作瓷器的黏土。也就是说，孩子小的时候，父母如果一味保护他们，害怕他们受到伤害，那么孩子就会成为易碎的瓷器；如果父母给予他们积极的教育，鼓励他们勇敢些，不要害怕任何事，那么他们就会充满勇气，成为坚强有胆量的人。

所以说，父母应该把孩子当成强者来看，敢于放手让他们去做一些事。当孩子对某些事情心生恐惧的事情，应该大声地告诉孩子："勇敢些，这没有什么可怕的！"当你这样做的时候，就会惊讶地发现，孩子不仅会克服自己的胆小和恐惧，还会慢慢地做到以前不敢做的事情，并且能做得很好。

事实上，真正有大格局的父母不是想办法保护胆小怕事的孩子，凡事都为孩子考虑周到，而是不断地给予孩子鼓励，让孩子充满勇气，能够大胆地面临生活中的所有事情，尤其是困难和未知的风险。只有孩子变得勇敢了，敢于面对自己害怕的东西，敢于面对生活中的陌生人，以及所谓的困难和危险，内心才能变得强大起来，自信心才能得到提高，从而得以自信，从容地应对学习和生活，以及未来的一切。

孩子也只有相信自己的力量，充满了勇气和胆量，才能去往更远的地方、更广阔的天地，创造更加精彩的人生。

快些放手吧，给孩子自由成长的空间

很多时候，父母总是习惯按照自己的想法来教育孩子，孩子想做这个，父母却想让孩子做那个。比如孩子的梦想是成为飞行员，可父母却想让孩子成为钢琴家；孩子想要拥有自己的空间，可父母却总想着监督孩子；孩子想要到外面去闯一闯，父母却害怕孩子受到伤害，想要把孩子捆在自己的身边……

可父母应该知道，孩子的成长需要一个广阔的空间，需要一片自由自在的天空。只有如此，孩子才能不被父母牵着走，才能获得更广阔的天地。

父母们应该都听说过"鱼缸法则"。

美国一家大公司的前台处摆放了一个漂亮的鱼缸，里面养着十几条产自热带的小鱼，每天自由自在地在水中嬉戏游动。这些热带鱼身长约3寸，头部非常大，脊背上有一片火红色，看起来非常漂亮。不管是公司的员工还是过来洽谈业务的客户都喜欢在鱼缸处驻足，观赏这些美丽的小鱼。

转眼两年过去了，这些小鱼没有什么变化，依然在小小的鱼缸中悠闲地游动着。人们都以为它们的身长本来就是如此小。有一天，董事长带着自己几岁的儿子来到公司。这个小家伙看到这些长相奇特的小鱼，感到非常好奇和兴奋。于是，他便试图想要抓出一条来看看，可是由于小鱼身体太光滑了，瞬间就跳出了孩子的手。在手忙脚乱中，孩子不小心将鱼缸推到了地上，碎了一地，十几条小鱼也可怜地在地上跳跃着。

之后，工作人员立即把小鱼捡起来，但是鱼缸已经碎了，又怎么安置它们呢？董事长四处看了看，发现只有院子中的喷泉能够暂时安置它们，于是他们就把这些小鱼放进了喷泉。等到董事长想起这些小鱼，并重新给它们购买新的鱼缸，已经是两个月之后的事情了。

这时候，工作人员跑到喷泉便准备捞出那些漂亮的小鱼。然而，令人们感到惊讶的是，仅仅两个多月的时间，这些只有 3 寸长的小鱼竟然长到了近 1 尺长。有人说，是因为喷泉中的水含有某种矿物质，才令小鱼快速成长；也有人说，是因为喷泉的水是活水，才令小鱼长得迅速。但是，我们不妨想一想，如果小鱼没有换鱼缸，依然生活在小小的鱼缸中，它又怎么能长得那么长呢？

我们不难发现，任何人、任何事物只要限制了它，那么它的成长就会受到束缚。如果给予它更大的空间，更大的自由，那么其结果也是无限的。事实上，这个法则非常适合孩子的教育，一些教育学家也将这个法则引申到家庭教育之中来。简单来说，如果父母时刻限制孩子的自由，用爱的名义将孩子拘泥在小小的"鱼缸"中，那么孩子就只能成为长不大的小鱼。相反，如果父母给予孩子更大的自由空间，让孩子凭借自己的兴趣和爱好发展，给孩子提供独立自主的机会，那么孩子的未来就会有着无限的可能。

所以说，身为父母，想要培养一个优秀的孩子，就应该给孩子独立、自由的空间，让孩子把自己想做的事情做出来，让孩子在自己的地盘尽情地"为所欲为"。不仅如此，父母还应该给孩子自由支配的时间，让孩子去做他们想做的事情；让孩子独立思考，自主决定自己的事情。

然而，令人感到遗憾的是，现在的很多孩子虽然物质生活充裕，但是思想和精神却是非常匮乏的。这些孩子生活在父母的"羽翼"下，受到父母的监督管教，不仅失去了自由玩耍的权利，更失去了独立自主的意识。在这些孩子的世界中，永远都是父母要求做什么就做什么，别说"为所欲为"的地盘了，就连最基本的自由都没有。

这是因为，很多父母总是觉得，孩子一旦有了自由的空间，他们就会放任自己，就会慢慢地变坏；还有些父母认为，孩子一旦自主地决定事情，就会出现什么问题或是受到伤害。显然，父母给予孩子适当的教育，是理所应当的，也有利于孩子更健康地成长。但是，如果父母让孩子失去了自由成长的自由，就绝对不是好的教育方法。

虽然所有的父母都是爱孩子的，他们或许就是用自己的方式爱孩子和教育孩子。但是父母不要忘了，很多时候孩子需要的不是你无微不至的关怀和保护，而是自由自在的发展空间。这是因为，每个孩子都是一个独立的个体，本身就具有自由的天性。更何况，孩子的胆量，是在不断地尝试和行动过程中练就的；孩子的自信，也是在自己做事的时候培养的；孩子的能力更是在父母放手，孩子自由自在的探索中逐渐养成的。如果没有独立的自由空间，被父母束缚在一个框框中，那么看似杜绝了问题和危险，实际上，却增加了孩子成长的阻力，造就了孩子的懦弱、自卑和无能。

没有自由，就没有勇气；没有自由，就没有自信；没有自由，更没有将来在社会上立足的能力。事实上，不管是勇敢，还是自信，孩子所有这些良好的品质、能力，哪一个不是在父母充分给孩子自由成长空间的情况下才可以获得的？而缺乏了这些优良的品质，孩子们又如何获得将来的成功呢？

虽然身为父母，对孩子放手是最难的一步，但放手也是教育孩子的第一步。给孩子自由成长的空间吧，如此，孩子的人生才会活出自己的精彩！

第九章

远见：重要的不是所站的位置，
而是所朝的方向

　　人生的精彩程度取决于抱负的高低，世界会给那些有目标和远见的人让路。父母的眼光和格局，就是孩子站的高度。在面对各种选择的时候，父母一定要相信并且鼓励孩子，目标必须坚定，目光必须长远。站在高处，看到前景和希望，不好高骛远，不急功近利，踏实走好每一步，该来的总会来。

今天永远只是"起跑线"

"快看，这是我们家孩子获得的奖励，他在全市跳舞比赛中获得了金奖！"

"我们家孩子最优秀，门门功课第一，今年还被评为了全校三好学生！"

……

生活中，总有一些父母喜欢炫耀自己的孩子，今天孩子又取得了什么什么成绩，今天孩子又获得了哪些哪些奖励。这些父母的潜台词就是，我的孩子是最优秀的、我的教育是最棒的。虽然我们可以理解这些父母对于孩子做出成绩的骄傲感和自豪感，也理解他们望子成龙、望女成凤的热切之心，但是不得不说，这样的教育对孩子的成长是没有太大的益处的。

父母的炫耀不仅会增加孩子的心理压力，还会让孩子对自身的定位出现偏差，从而形成错误的人生观和价值观。具体来说，孩子经常听到父母的夸奖，经常看到父母向别人炫耀自己的成绩，久而久之，他们就会形成这样的错误认识：我已经做到了最好，我是父母的骄傲，任何人都不能比过我。在这样错误意识的影响下，孩子就会满足于自己所取得的成绩，只看到自己的优势和成绩，不仅失去了继续努力的进取心，更会缺乏着眼于未来的远见和格局。他们会对自己说："既然我是最棒的，既然我取得了无人可比的成绩，那么我还努力什么呢？"

而生活中，太多的孩子在成长的过程中，积极性强，创造力旺盛，也还算努力，但是却没有长远的眼光。他们或是在取得了一些成绩之后，开始自我满足，不愿意再继续学习和进步；或是在遭到了失败之后，就开始自怨自艾，失去了继续向前的勇气和信心。这虽然和孩子心智不成熟有很大关系，但是同样和父母的教育和引导有分不开的关系。

所以，父母不妨用长远的眼光来看待孩子的成绩和表现，给予孩子正确的引导和教育。这样一来，孩子才不会变得目光短浅，容易满足于今天的成绩，甚至是忘记了自己所要达到的目标。

事实上，不管是成功还是失败，不管孩子取得怎样的成绩还是奖励，今天永远只是他整个人生的"起跑线"。如果孩子因为一时的成就或是失败而停滞不前，失去了前进的进取心，那么就只能是停留在原地，无法迎接明天的到来。因为，今天的成绩只代表着今天，并不代表着明天和未来。

在某个学校中，即将大学毕业的学生们聚在一起，虽然他们还要面临最后一场考试，但是所有人几乎都看到了美好的未来。他们讨论着自己的前景，有人说自己已经找到了不错的工作，有人则憧憬着在某个领域大展拳脚。他们觉得凭借自己现在的学识，足可以解决任何问题，足可以征服外面的世界。

对于接下来的考试，学生们也是信心满满，因为教授允许他们带所需要的资料、参考书和笔记。很快，教授拿着试卷走到讲桌前，给学生们发放了最后的试卷。学生们看到试卷后，立即兴奋不已，因为那上面只有5道题。很多学生立即埋头做题，好像迫不及待地迎接美好的未来。可是，接下来的时间，学生们的脸色却变得越来越难看，甚至有些人还显露出痛苦的表情。

考试结束了，教授收走了试卷，学生们的神色变得凝重起来，没有了之前的兴奋和欢乐。教授看了看同学们，郑重地问道："有人答出了全部5个问题吗？"

学生们都低着头，没有一个人举手。

教授又问道："有人答出4个问题吗？"

教室里还是鸦雀无声，没有一个人举手。

"3个？"

"2个？"

学生们低下了头，局促不安。

"那么1个呢？一定有人能答出1个吧？"

这时候，一个学生出声了，他愤愤不平地说："这试卷上的题实在太难了，我们完全没有接触过。教授是不是在故意为难我们？"一时间，教室内响起了学生们的议论声，纷纷表达自己的疑问和不满。

教授没有动怒，而是放下试卷，意味深长地说："我没有故意难为你们，更不是想要让你们毕不了业。其实，你们答不出问题在我的意料之中。我就是想要告诉你们，虽然你们完成了4年的学业，但仍有许多专业问题你们不知道。事实上，这些你们不能回答的问题，在日常操作中非常普遍。"

接着，教授微笑着说："这个科目，我会给你们及格。但是你们也要记住，虽然你们即将毕业，但是这并不是结束，而是你们的学习才刚刚开始。"

故事中的教授非常具有智慧，他知道学生们已经完成了学业，也已经掌握了足够的专业知识，但是对于即将迈出校园的他们来说，毕业并不代表着学习的结束，而是代表着新的开始。所以，他通过考试告诉了学生们这个道理，想要让他们眼光放得长远些，不要满足于过去的成绩，更不要在今天就停止了前进。

要知道，每个人的人生都非常漫长，需要不断地前进。而人生精彩的程度完全取决于他是停留在今天，还是放眼于明天以及更远的未来。孩子只有把眼光放在明天，不断地努力和拼搏，不断地改变自己，才能创造新的成绩。

所以，身为父母，应该让孩子明白，在成长的过程中，每一天都是一个新的挑战，每一个明天都充满着无限的可能。就拿学习成绩来说吧，小学、初中、高中，乃至大学，孩子每个阶段都会取得不同的成绩，或是遥遥领先于他人，或是因为某种原因而考试失利。但是取得成绩并不是最重要的，重要的是孩子在学习过程中学习到了什么，收获了什么，是不是提高子自己的能力和素养，是不是掌握了新知识。

而孩子也必须明白，今天的成绩不管是好还是不好，都不是最重要的，也不是他学习的重点。即便孩子在今天取得了非常优异的成绩，成了全市，乃至全省的"中考状元""高考状元"，那么这也只是他能力的证明，并不是他人生的重点，更不是唯一的意义。

今天只是"起跑线"，只有把眼光放在明天，甚至是更长远的未来，踏实走好每一步，迎接自己的才能是成功和无限的可能。

你的眼光和格局，就是孩子所站的高度

人们常说，眼睛所到之处，是成功到达的地方，如果一个人站得高看得远，那么世界也会给那些有目标和远见的人让路。身为父母，都希望自己的孩子将来有所作为，做出伟大的事情来。这就需要父母从长远出发，给孩子大格局的思维，这样才能让孩子站得更高，看得更远，最终成就不寻常的未来。

其实，孩子心智还不成熟，又缺乏生存的经验，很难看得远。他们认为学习就是为了考试，就是为了升学；认为学习各种能力就是为了好玩、为了兴趣；他们心中最想要做的事情就是和小伙伴一起玩耍。或许在他们的心中，有懵懂的愿望和理想，但是却没有那么明确，更没有那么强烈地想要达到。

这时候，父母的眼光和格局就是影响孩子未来的关键。

最近，一部幽默感人的励志影片意外走红，无数父母为了教育孩子纷纷走入了影院。它就是根据真人真事改编的印度影片《摔跤吧！爸爸》，故事的主人公是马哈维亚和他的两个女儿。马哈维亚曾经是印度国家摔跤冠军，一心想要获得世界冠军为国家争光，证明印度也是可以出现世界摔跤冠军的。可是，他的梦想却没能实现，退役后只能回到偏僻贫穷的家乡，过着普通人的生活。

可他并没有甘心，他的梦想变成了：让自己的儿子替自己完成梦想。当第一个孩子即将出生的时候，他对妻子说："我没能做到的，我们的儿子会完成。

他为印度赢得金牌，国旗将高高地升起！"但是，老天好像和他开了一个玩笑，妻子连续生了4个女儿。随着女儿们一天天长大，年过中旬的马哈维亚感到了失望，可正当他打算放弃的时候，意外发现了两个女儿的摔跤天赋。于是，他不顾村民们异样的眼光和妻子的反对，坚持要教两个女儿练习摔跤。

爱漂亮的女儿必须接受一系列魔鬼式的训练：每天5点起床进行各项训练，不能吃各种甜食、油炸食品，只能喝牛奶吃鸡肉，还要和男孩子比赛摔跤，忍受路人和同学们的嘲笑，这些都让孩子们背负了巨大的压力。她们刚刚有了反抗的意识，爸爸竟然剪掉了她们的头发，甚至比男孩子还要短。

或许，人们觉得这个爸爸太强势了，把自己的意愿强加在孩子们的身上，不顾孩子们的想法。但是我们也不得不承认，马哈维亚的眼光是长远的，格局是广大的。要知道，在影片中，印度的女孩子过了14岁就必须嫁人，以后的生活就是生孩子、做饭，照顾丈夫一家人。她们的人生本来就是无从选择的，而爸爸却为两个女儿提供了一个新的机会，根据女儿的天赋为她们谋划了一个比别人更有希望的未来。

事实证明，马哈维亚的做法是正确的。一个14岁新娘的一番话，让女儿们明白了爸爸的苦心，更明白了自己必须努力训练、站得高看得远，才能改变自己的人生。她们从之前的消极怠工，变得积极主动，认真训练。而随着能力的提高，爸爸开始带着大女儿吉塔去参加比赛，和男孩子摔跤。虽然吉塔第一次输了，却赢得了比胜利者更多的奖励。并且爸爸还告诉她，这只是一个起点，未来的道路还很长。最后，吉塔一路过关斩将，终于成了全国摔跤冠军，并且顺利地进入了国家队。

在那里，吉塔的生活方式有了很大转变，教练要求她忘记爸爸以前教的一切，采取新的训练方式。再加上，她满足于目前的成绩，觉得自己已经很优秀了，所以心态上发生了很大变化。她开始留长头发，开始爱好打扮，开始逛街、出入夜店，甚至是看不起爸爸老旧的训练方式。正是因为如此，在一次次比赛中，吉塔失利了，首轮就被对手淘汰。

再加上吉塔的教练是一个目光短浅的人，将原本是进攻型的吉塔，定义为防守型选手。这时候，爸爸再次站了出来，亲自训练女儿，现场为女儿进行赛场指导。

对于比赛的目标，爸爸和教练更是呈现出了截然相反的态度：

教练说："不要输得太难看。"

爸爸说："你不会输！"

教练说："至少你要拿块奖牌。"

爸爸说："你注定是冠军！"

教练说："你已经领先了，注意防守。"

爸爸说："忘掉领先，保持进攻！"

教练说："有些人注定不是打国际比赛的料。"

爸爸说："你输掉的，是本应该你赢的比赛。"

而在最后冠亚军的争夺中，教练说："至少你现在可以有一块银牌了。"

爸爸却鼓励地说："赢下金牌，你将成为印度的榜样，永载史册！如果你明天赢了，并非自己独享胜利，有几百万个像你一样的女孩跟你一起得胜——所有被认为不如男孩的女孩们、那些被迫做烦琐家务的女孩们、那些被嫁出去生儿育女的女孩们。明天你不仅跟澳洲选手比赛，还是跟这些轻视女子的人比赛！"

正是因为爸爸教育孩子目光长远，教育孩子走出偏僻的小镇，摆脱只能生孩子、做饭的命运，并且将世界冠军作为自己的目标，所以孩子们才看到了未来和希望，并通过自己不懈地努力，最终赢得了世界冠军，成了全印度的骄傲。

事实上，这部影片之所以成为父母们热议的焦点，除了鼓励孩子们不断克服困难和自己的内心，更关键的是，人们都在讨论究竟是什么原因让马哈维亚培养出了两位世界冠军？答案非常简单，那就是这个爸爸的眼光和格局远远高于一般人。他尽管回到了偏僻的村庄，但是所向往的方向却是世界冠军。正是因为爸爸眼光长远，格局大，所以女儿们站得要比其他印度女孩更高，结果也赢得了人生的精彩。

事实上，对于一个人来说，重要的不是他所处的位置，而是他心中想要前往的地方。起点差不多的孩子，最后也会因为格局和眼光的不同而拥有完全不同的人生。这是因为，她们的志向和所在意的事情并不在一个维度上。

有远见的父母，会给孩子大格局，会培养孩子长远的目光，为孩子计划得深远。这不仅要求父母培养孩子的各项能力，提高孩子的素质，更要求父母帮助孩子改变自己的思维，必须在孩子还小的时候，就培养他长远的目光，让他站在高处。这样，在他成长的过程中，孩子才不会拘泥于自己的小圈子中，被暂时的成绩和利益所利诱；孩子才能树立远大的抱负和理想，并且为了自己想要达到的目标而不懈努力。

父母的眼光和格局，就是孩子站的高度。在教育孩子的过程中，让孩子站得更高些吧！这样一来，孩子的人生才能够足够精彩、漂亮！

世界很大，唯有梦想配得上它

童年本应该是一个放飞梦想的季节，每个人在孩提时代都有各式各样的梦想，有的想成为画家，有的想成为律师，有的想成为飞行员，有的则想成为医生……因为孩子对未来充满了憧憬和期待，所以才有了人生中最纯真的梦想。

可现实却是，对于很多父母来说，他们为孩子规划的梦想和未来，就是考上一所名校，找到一个好工作，捧上一个"好饭碗"。所以，我们常听父母这样教育自己的孩子：你要好好读书、好好学习，这样长大后才能考上好大学，才能找到好工作，过上幸福的生活。

还有些父母被社会上那些功利和现实的思想所影响，无视孩子的兴趣和梦想，时常把自己的期望强加在孩子身上，还美其名曰给孩子规划所谓美好的未来。比如某些孩子因为艺术天分成为了小明星，父母们便争先恐后地让孩子学习舞蹈、钢琴、画画，希望孩子也能够成为小明星；比如父母们看到某个孩子因为成绩优异，被国外几所名校录取，便每天督促孩子努力学习，还给孩子报各种加强班，希望孩子有朝一日也能如此；再比如父母们看到其他家长把孩子送出国门，便想着把孩子送到国外……

可是，难道孩子的梦想就是为了所谓的好工作，就是为了所谓好的生活，就是为了过上所谓令人羡慕的物质生活吗？梦想是成就未来的源头，孩子的梦想仅仅是为了生活和饭碗，那么还何谈未来和希望？

父母要知道，有些梦想是需要孩子用一生去实现的，就算漫漫人生路当中，我们遇到了很多困难，也不能丢掉了梦想。因为在这个世界上，只有梦想是不可辜负的。因为世界真的很大，只有梦想才能配得上它。

"如果你还年轻，你还想做艺术家，你就要把自己当成一个艺术家。"这句话出自一本叫作《列宁与音乐》的书，或许你并没有听说过这本书，也没有听过这句话，但是它却对一个男孩产生了巨大的影响。

当年，11岁的谭盾被这句话深深吸引，并且第一次萌生了"当一名音乐家"的念头。第二天，他为了激励自己，就在书包上写上了四个大字"长沙乐团"。其实，当时长沙并没有乐团，而小小年纪的谭盾也不知道什么是乐团，真正的乐团是什么样子。但是他却对自己的梦想非常坚定，甚至在书包的顶部拴了一根筷子。有人好奇地问他："为什么要拴一根筷子？"他自豪地说："我背着的是一根指挥棒。"年纪小小的谭盾用自己的行为来告诉周围的人，自己的梦想就是当一名音乐家。

或许很多父母会觉得孩子这样的想法不切实际，甚至还会教训他应该好好学习。谭盾只是出生在一个普通的工人家庭，家里的生活也并不优越。谭盾那时候还必须帮助妈妈做很多的家务。但是，谭盾妈妈却没有打击孩子的梦想，反而尊重并鼓励了孩子的兴趣。

其实，小时候的谭盾根本没有接触过任何乐器，直到8岁那年才见到了两根笛子。他好奇地玩着笛子，惊讶地说："这么简单的东西，竟然可以吹出那么美妙的音乐。"见孩子对笛子感兴趣，妈妈便鼓励他试一试，看看它是怎么发音的。没想到，几天后，谭盾竟能像模像样地吹出了歌曲《浏阳河》。

从此之后，谭盾对音乐便产生了兴趣，甚至达到了痴迷的程度。他开始关注各种乐器。由于当时接触音乐的机会并不多，只要办丧事的人家才会请人吹吹打打，而他就每次都去凑热闹。妈妈看孩子如此痴迷音乐，便和爸爸商量，用攒了很久的钱给孩子买了一把小提琴。谭盾对这把小提琴爱不释手，每天都会练习，为了不打扰邻居还时常跑到附近的小山头练习。为了找到练习的乐曲，谭盾每天都在家门口的大树下一边听广播的音乐，一边拿笔记本记乐谱。看电影的时候，别人都是看故事情节，他却打着手电记电影主题歌的乐谱。

正因为谭盾热爱音乐，即便后来做过农民、当过京剧演员，也始终没有忘记自己的梦想。1978 年，国家恢复高考，谭盾带着小提琴去参考。因为基本功扎实，终于考入中央音乐学院作曲系，师从赵行道、黎英海老师学习作曲，随李华德老师学习指挥。1986 年，他又获得美国哥伦比亚大学奖学金，获得了进修音乐艺术博士的机会。

在哥伦比亚求学期间，谭盾的境况非常不好。身在异国他乡，家境又贫寒的他，为了解决生存问题，只能去街头卖艺赚钱。在那个时候，他结识了一位黑人琴师，两个人共同在一家商业银行的门口给别人演奏。可是，当谭盾境况好转的时候，他立即离开街头，投向自己向往已久的艺术殿堂——哥伦比亚大学。在这里，他师从大卫·多夫斯基以及周文中先生，潜心学习音乐。虽然他的生活非常窘迫，但是即使再苦再难，他也没有回到市井之中。因为他知道自己的梦想是成为一名音乐家，如果为了物质生活而在街头卖艺，就会无法融入真正的艺术，那么自己离梦想就会越来越远。

几年后，谭盾终于成功了，在美国成功举办了个人作品音乐会，成为第一个在美国举办个人音乐会的中国音乐家，他的梦想终于得到了实现。自此谭盾的名字传遍了整个世界，先后获得了格文美尔古典作曲大奖、格莱美最佳电影原创音乐专辑、奥斯卡最佳原创音乐奖……

成名以后，有一次，谭盾偶然路过自己当初卖艺的地方，竟然还能看到那位黑人琴师！此时，谭盾成了全球最具影响力的音乐家之一，而黑人琴师依然在街头卖艺，为了一天几百元的收入而满足。

可以说，谭盾的成就固然有天赋和努力的因素，但是我们不能否认其父母的鼓励和影响。要知道，那个年代每个家庭都比较困难，谭盾妈妈却为了支持孩子的梦想，咬牙买下了一把小提琴。这对于孩子不仅是关爱，更是一种激励，激励孩子在梦想的道路上走得更远。试想，如果谭盾妈妈像很多父母一样，不断叮嘱孩子找一个"铁饭碗"，为家里缓解经济困境让孩子学个一技之长，那么，今天是否还有这位享誉全世界的音乐家？

我们的孩子人生是否精彩，梦想是否能够实现，完全取决于父母的眼光和格局。正所谓，心有多大，舞台就有多大；眼光有多远，成就就有多大。今天，父母的眼光和选择，直接决定了孩子未来的道路能走多远。如果父母无视孩子的梦想，只是站在成人的角度上思考问题，被功利思想影响了自己的思维，那么孩子梦想的空间也越来越小，站的高度也越来越矮。

事实上，今天并不缺有梦想的孩子，而是缺少有眼光和格局的父母。很多时候，父母简简单单几句话就将孩子的梦想给扼杀了。而在扼杀孩子梦想的时候，父母却抱怨孩子不努力，不能拥有美好的未来和前景。

世界很大，唯有梦想配得上它。所以，父母应该站得高一些，看得远一些，不要因为功利的目的而扼杀了孩子的梦想。让孩子的梦想飞起来，并且给孩子梦想肆意成长的教育环境，这样一来，孩子的未来才能充满着无限的可能！

只要路是对的，就不怕路远

现在的男孩子都喜欢运动，篮球、足球，等等。很多孩子也把科比、库里、梅西、小罗纳尔多等运动明星视为自己的偶像，梦想着成为自己偶像那样的人。

很久之前，美国就有这样一个小男孩，从小就对篮球情有独钟，最大的梦想就是希望自己有朝一日能够出现在 NBA 赛场上，成为一名出色的球员。

8 岁那年，小男孩拥有了属于自己的篮球。从此之后，他不管走到哪里都带着篮球，睡觉的时候抱着它，即便是帮妈妈扔垃圾的时候，也是左手拎着垃圾，右手运着球。到了中学之后，男孩时常对自己的朋友讲，自己以后要到 NBA 打球，成为出色的 NBA 球员。可每次换来的都是朋友们的嘲笑，因为他的身高仅仅有 160 厘米，比同年级的同学都要矮很多。"你的梦想永远也不会实现的。NBA 历史上从来就没有出现过 160 厘米的矮子！""你这么矮，上篮球场都困难，想要到 NBA，简直就是异想天开！"是啊！这样的身高如何能够进入 NBA 赛场，如何能够与其他高大的球员抢球、角逐呢？

尽管所有人都嘲笑他，挖苦他，但是男孩并没有放弃自己的梦想，依然坚信如果朝着自己的梦想前进，终究有实现它的一天。为此，他每天都拼命苦练球技，运球、投篮、强攻、防守等。看着孩子这么辛苦，父母也非常心疼，但是内心也觉得自己孩子的梦想是不可能实现的，于是开始劝他放弃那个不切实际的想法，"算了吧，孩子，这对你来说太难了。你不如练足球，或是其他运动。"

然而，孩子还是没有改变自己的初衷，他觉得自己有这个天赋，并且对篮球非常喜爱，为什么就不能追求自己的梦想呢？为什么自己的梦想就不能实现呢？他一直坚持不懈地练习球技、加强体能训练，同时还不忘和不同的人进行比赛。进入大学后，他更是被选入了学校篮球队，更因为卓越的组织指挥才能脱颖而出，成为该学校出色的球员。

尽管其他人都不相信他可以出现在 NBA 赛场上，但是他却凭借着自己的努力和天赋，从被人嘲笑的矮个子到镇上有名的篮球运动员，从代表全镇参加比赛到全州无人不知的篮球运动员，再到被选入美国队，参加西班牙举行的世界男篮锦标赛，一步步地接近自己的梦想。

在这次世界男篮锦标赛中，男孩表现非常出色。尤其是争夺冠军的比赛中，他在其他队员惊慌失措的情况下，稳定了美国队的军心，以出色的运球绝技游走于队友之间，最终赢得了比赛。正因为如此，他成了全世界的篮球明星，受到了全世界媒体的关注。这不仅是因为他出色的球技和组织领导能力，更是因为他的矮个子。

可他却非常自信地说："我的确太矮了，在高水平的职业篮球赛中闯出一片天地不容易。但是我相信，篮球并不是专门让高个子打的，而是让那些有篮球才华的人打的。"

之后他成为职业球员，更加入了夏洛特黄蜂队。在赛场上，这个小个子球员左突右击、灵活地在赛场上游走，让对手防不胜防。他不仅成了黄蜂队组织进攻的主力，更被评为黄蜂队最有价值的球员。

这个男孩就是博格斯——NBA 历史上最矮小的球员，也是速度最快的球员之一。虽然他身高只有 160 厘米，但是他却是个篮球天才，凭借自己的努力和坚持实现了自己的梦想。博格斯总是对孩子们说："身材矮小并不代表一切，只要你付出比大个子更多的心血，并为实现自己的梦想努力奋斗，你也有可能成为 NBA 球员或是体育明星。"并且告诉人们："要相信自己，只有相信自己才能成功。"

博格斯书写了一段传奇。他相信自己，并坚持走自己认为正确的道路。因为他不是一个轻言放弃的孩子，因为他对篮球非常喜爱，并且相信自己有这个天赋，所以才没有在别人的嘲笑中放弃自己的梦想。正因为他的坚持和努力，给自己的未来和梦想点亮了希望之灯。

事实上，很多时候，我们离自己的梦想很远。很多时候，我们的梦想总被别人嘲笑是异想天开。于是有些人便告诉自己："算了吧！这太难了！""梦想总是遥不可及，我还是选择放弃吧！"可是，你不努力前进怎么知道梦想就不能实现呢？你不坚持自己的目标，又怎么知道未来没有无限可能呢？

梦想并不是这么轻易就可以实现的，目标也并不是这么容易就达到的。不知道，父母们是否听过《在路上》这首歌：那一天／我不得已上路／为不安分的心／为自尊的生存／为自我的证明／路上的心酸／已融进我的眼睛／心灵的困境／已化作我的坚定／在路上／用我心灵的呼声／在路上／只为伴着我的人／在路上／是我生命的远行／在路上。

路上虽然有心酸，但是坚持下来，离自己的梦想才能更近一步，而选择放弃只能是抛弃自己和未来。正因为如此，不管到什么时候，我们都必须坚持自己的梦想，只要道路是对的，就要相信自己，就要坚持不懈地努力。尽管这条道路非常遥远，尽管这条道路充满了荆棘和嘲笑。

可孩子毕竟是孩子，心智还不成熟，缺乏坚强的意志力。很多孩子虽然有远大的梦想，有这样的天赋，却在选择的时候容易受到别人的影响。很多孩子都会听从父母的教育，或是迫于别人嘲笑的压力而放弃自己的梦想。因为并不是所有孩子都像博格斯一样倔强。

这个时候，父母的态度就至关重要了。如果父母眼光高、格局大，不断地鼓励孩子坚持梦想，那么孩子站得就高，离梦想的距离就越来越近。可如果父母眼光低，格局小，轻易地否定孩子的梦想，那么孩子即使有一万个奇思妙想，有再远大的梦想，也很难实现。

所以，我们要说，父母们，当孩子诉说自己的梦想时，不要轻易对孩子说："算了吧，你不是这块料！""你这就是在异想天开，这个梦想这么大，你怎么能实现！"而是应该坚定地告诉自己的孩子："只要你相信自己的目标是正确的，就坚持走下去吧！""只要道路是对的，就不要怕梦想的道路太遥远！"

要知道，孩子是有着很大潜力的，未来充满了无限的可能，父母们应该相信并鼓励孩子，坚定自己的梦想。只要确定孩子所走的道路是对的，就鼓励孩子踏实走好每一步，不要轻易地放弃。

有了目标，坚持就容易多了

对于成长中的孩子来说，坚持是最难的。因为他们正处于认识世界、探索世界的阶段，有太多太多的好奇心，容易被太多太多事情吸引，很难将所有的精力集中到一件事情上来。但是这并不意味着孩子就不能做到坚持到底。事实上，很多孩子还是非常有毅力的，能够自始至终完成一件事情。这是因为这些孩子心中大多有一个明确的目标，因为有了目标所以努力就有了方向，前进就有了动力，所以坚持就变得相对容易多了。

人们常说，一个人可以没有成功，却不能没有目标。如果没有目标，人们就像是汪洋之中一艘没有航向的船，等待着它，只有黑暗、漂泊和迷茫，找不到最终的目的地和前进的方向。如果没有目标，人们就会不思进取，失去了激情，即便是有力气也不知道向哪一处使。如果没有目标，人们就不知道自己应该去哪里，不知道自己想要成为什么样的人，想做什么样的事情，自然就不会获得成功。

对于成人来说是如此，而对于一个孩子来说也是如此。所以，身为父母，应该为了孩子的未来着想，及早帮助和引导孩子确立自己的目标。有了明确的目标，知道自己想要做什么，想要朝着哪个方向努力，孩子自然就不会轻易放弃了。

嘉欣是个聪明的孩子，兴趣广泛，但令父母头疼的是，她做什么事情都

父母格局有多大，孩子就能走多远

204

没有常性，总是三天打鱼两天晒网。父母虽然总是劝嘉欣坚持，好歹做好一件事情，却没有什么太好的效果。父母不知道该拿孩子怎么办才好。

嘉欣5岁的时候，幼儿园举行六一儿童节节目会演，看到其他班小朋友跳着优美的舞蹈，于是也和妈妈说想要学习跳舞。爸爸妈妈想：孩子学习跳舞不仅多了一门才艺，还能提高气质，就欣欣然地给孩子报了专业舞蹈班。但是，没过半年，嘉欣就不想去了，因为她觉得每天开胯、劈腿、下腰太辛苦了。父母觉得孩子既然不想学，就不要强迫孩子了，否则也达不到训练的效果，于是就没有再让嘉欣学习舞蹈。

嘉欣放弃了舞蹈，但很快又对古筝感兴趣了。看到别人拨弄着琴弦，演奏出优美动人的曲调，嘉欣觉得太神奇了、太美妙了。于是，爸爸妈妈又给孩子报了古筝学习班，想着孩子学习古典韵律、培养高雅气质也是不错的。结果，没过多少时间，嘉欣的老毛病就又犯了，觉得练习古筝太难了，自己学了这么长时间也不能演奏出一首完整的曲子。

这一次，爸爸妈妈没有立即答应孩子的要求，爸爸严厉地说："你做什么事情都没有常性，当初是你要学习古筝的，现在才多长时间啊，又想要放弃。这样一来，你能做好什么事情！"妈妈也耐心地劝导孩子："对待任何事情都要有始有终。"可是，嘉欣就是不肯委屈坚持，爸爸妈妈只能作罢。

随着孩子年龄的增长，嘉欣的兴趣爱好也多了起来，觉得水彩好玩，就要学美术，觉得街舞炫酷，就要学街舞。没几天，看到偶像弹吉他又帅又酷，又吵着闹着学吉他……这时候，爸爸妈妈才发现，自己太溺爱孩子了，一味地顺着孩子，反而更纵容孩子的坏毛病。无奈之下，爸爸妈妈只能请教做老师的朋友，希望可以让孩子有所改善。

朋友问嘉欣爸爸妈妈："孩子未来的目标是什么？她想要成为什么样的人呢？"谁知爸爸妈妈一脸茫然："我们从来没想过啊，也从来没有问过孩子。孩子还这么小，想那么远做什么？"朋友说："孩子没有目标，怎么会有前进的动力，怎么会有坚持下去的毅力？孩子虽然小，但是却不能没有目标。即便是暂时没有远大的人生目标，也要制订短期目标。这样孩子才不会失去了方向。"这时候，嘉欣的爸爸妈妈才知道孩子的问题究竟出在哪里。原来孩子连一个目标都没有，就更别说为了目标坚持和努力了。

找到了问题的症结，爸爸妈妈决定引导并帮助孩子制订一个努力的目标，并且让孩子坚持下去。他们开始引导孩子思考未来想要成为什么样的人，思考自己长期和短期的目标是什么。果然，当孩子明确了目标之后，容易放弃的毛病也改善了很多。

与其说嘉欣没有坚持的毅力，不如说她缺少目标。因为没有目标，自然就失去了激情和动力，自然就坚持不了多少时间了。

事实上，当孩子习惯了向着自己的目标努力前进的时候，就已经拥有了坚持不懈的精神，就有了踏实走好每一步的耐心。所以，父母不要责怪孩子为什么总是三天打鱼两天晒网，而是应该帮助孩子了解自己的内心，确定自己的目标是什么。只有如此，孩子才能坚持做好自己想做的事情。

当然，父母在引导孩子制定目标的时候，要多和孩子沟通，了解孩子的特长喜好，如此孩子的目标才不会太高也不会太低。因为目标太高了，就会变得高不可攀、遥不可及，孩子很难实现的话就会更容易放弃，还会让孩子对自己的能力产生怀疑和否定；而目标太低了，就会变得唾手可得，孩子很轻松就实现的话就会滋生自满的情绪，还将很难做出出色的成绩。

父母应该引导孩子从自己的实际情况出发，制订看得见摸得着，明确而又可行的目标。有了目标，孩子才能不断朝前走。有了目标，孩子才能有大格局，坚持不懈地走好每一步，并逐步实现自己的远大抱负。有了目标，坚持就不是什么问题了。

成绩，绝对不是孩子唯一追求的

每当到期末的时候，父母们聚在一起议论：

"我家孩子数学成绩很差，听说你家孩子每次考试都是第一名，你真是会教育！"

"这次考试你家孩子成绩怎么样啊？排在班级第几名啊？"

"我家孩子是班里的尖子生，每门学科都前三名！"

"我家孩子偏科厉害，数学、英语成绩还不错，可语文就头疼了，如果过了80分就谢天谢地了。"

……

这些或是夸耀或是抱怨的谈话，无不透露着父母们最为关心的话题，那就是孩子的学习成绩。可以说，绝大多数父母最高兴的事情就是孩子学习成绩好，最不高兴的事情就是孩子学习成绩下滑。

在日常生活中，我们时常看到这样的情形：孩子成绩好，父母的称赞声不断，而孩子成绩差，父母则不是抱怨就是指责。因为在这些父母的眼中，孩子的成绩就是孩子优秀不优秀的唯一标准，就是孩子将来有没有大好前途的关键，更是孩子人生幸不幸福的根源。我们的父母太看重孩子的学习成绩了，往往为了提高孩子的成绩绞尽脑汁，把孩子的空闲时间安排得满满的。每天盯着孩子做功课，恨不得孩子每分每秒都在努力学习，给孩子报培训班、加强班，买各种参考书、训练册……

但是，我们不得不说，成绩绝对不是孩子唯一追求的目标，更不是衡量一个孩子是否优秀的唯一标准。但凡是有这种想法的父母，都是短视的，没有长远的目光和广大的格局。不可否认，在学习阶段，孩子的学习成绩就是他们当前一个阶段学习状况的重要反映，也是孩子知识、能力、思考等各方面是否提高的体现。一个孩子学习成绩好，足以说明他之前努力学习了，所学内容掌握得比较好，并且能力也有所提高。

父母应该明白，孩子的成长除了学习成绩，品质、素养、胆量、思维、视野等方面在将来会更重要，更能让孩子成才。我们知道，美国的比尔·盖茨当初在哈佛的成绩并不优秀，且选择了肄业，但是他却凭借敏锐的眼光和非凡的胆识，成就了微软帝国。中国的马云，中学时期成绩也是平平，但是却凭着非凡的商业头脑和独特的思想，成为今天的互联网大亨。

有人曾经说过这样一句话："你折断了我的翅膀，却怪我不会飞翔。"父母将成绩视为孩子的一切，让孩子在成绩中迷失了自己，失去了个性、自由、思想。可是到头来，父母却又埋怨孩子没有了自由翱翔的能力，没有了胆识和气魄。

美国著名教育家卡尔·威特曾经讲过这样一个故事：

他的儿子小卡尔刚出生不久，格拉彼茨牧师来到他们家做客。经过一段时间的观察后，他发现小卡尔是个有些痴呆的婴儿。对此，格拉彼茨牧师有些担忧，并对卡尔·威特说了一些关于自己的教育观点："我看得出来，小卡尔好像有些不聪明。这很遗憾。但是我想，您如果愿意付出加倍的努力，是可以改变这一现状。那就是利用后天的教育来改变他。你必须让他接受比其他孩子更严厉的训练，甚至更加残酷的训练。这样一来，孩子就会牺牲美好的童年，比如说和伙伴玩耍的时光。但是，这对于孩子的将来一定有好处。"

听完格拉彼茨牧师的话，卡尔·威特不认同地说："天哪！格拉彼茨牧师，你这样想太令我吃惊了。这种牺牲有什么意义？难道还有什么比幸福生活更重要吗？"

格拉彼茨牧师反问道："难道孩子的前途不重要吗？"

卡尔·威特肯定地回答道："孩子的前途当然重要，可是不要忘了，这样的教育对于孩子的健康成长没有任何好处。相反，它只会让孩子失去童年的幸福，还学不到他所必需的知识。要知道，任何急功近利和强迫孩子的做法都只能带来一种后果，那就是毁了孩子！"

卡尔·威特知道，孩子虽然天生不聪明，但是这并不代表着什么，所以在教育孩子的过程中，他并不只关注孩子的成绩和智力，而是注重品德、勇敢和快乐精神的培养，顺应孩子的天性，发掘孩子的潜在能力。正是因为如此，这个被认为不太聪明的孩子，竟然在八九岁时就能熟练地运用6国语言，在13岁的时候，就获得了法学博士学位。

想想看，如果站在卡尔·威特的位置，看着不太聪明的孩子，以及一塌糊涂的成绩，相信绝大部分父母会按照格拉彼茨牧师的建议去做，千方百计地训练孩子，提高他的学习成绩和智力。但是，事实上，这样做没有任何积极的意义，不仅会困扰孩子学习成绩的提高，更会让孩子的身心受到极大的伤害。

父母应该明白，自己对孩子未来的期望是什么？希望孩子将来成为一个什么样的人？父母是应该更加关注孩子现在是不是聪明，还是整个人生是不是幸福快乐？是应该更加关注孩子目前的学习成绩，还是未来的发展？

实际上，人无远虑必有近忧，做父母更是如此。如果父母眼睛只是盯着成绩，那么孩子就会迷失在分数之中，成为"高分低能"的人。但是如果父母眼光长远，为孩子的将来计划深远，注重孩子全面能力的发掘，那么孩子自然可以成就美好的未来。

　　父母的远见里，藏着孩子未来的样子。身为父母，不要把成绩当成是孩子的唯一，也不要急功近利，相信孩子将来会感谢你的远见！

第十章

视界：见识越广，越聪慧；
经历越多，越优秀

孩子身上蕴含着巨大的潜力，为了最大限度地开发潜力，父母应让孩子像自由飞翔的雄鹰，最大限度地看到更广阔的天空，与更多更为优秀的人交流，接触更多的思想。一个人生活的广度决定他的优秀程度，孩子与外界的交流越多、越广泛，视野就越宽阔，心胸就越开阔，人生舞台就越大。

世界那么大，我们去看看

　　现在流行的一句话，就是"世界这么大，我想去看看"。人人都想看看这个大大的世界，人人都想来一场说走就走的旅行，可真正能够做到的人却少之又少，更别说带着孩子去看看这个世界了。

　　可有一位 80 后妈妈却做到了。她虽然是一个很普通的白领，没有太优越的家庭条件，但是她却带着自己的孩子走遍了整个世界。更令人们感到惊讶的是，她的孩子只是年仅 3 岁的宝宝。

　　更确切地说，从孩子 1 岁半开始，这位妈妈就带着孩子去全世界旅行，1岁半的时候，带着孩子去了北极看极光；1 岁 10 个月的时候，孩子第一次来到了夏威夷，和妈妈看到了迷人的大海；2 岁 1 个月，刚刚牙牙学语的孩子和妈妈来到了阿尔卑斯山脚下，欣赏地中海别具风情的风光；3 岁的时候，这位妈妈又带着孩子来到了澳洲，一起来一次草原上的旅行……

　　这位妈妈不富有，但是却总带着孩子去旅行，带孩子去见识这广阔而又美好的世界。其实，像这位妈妈一样的家长越来越多。每当寒暑假的时候，父母们就会带着孩子去旅行，比如近一些的"新马泰"，还有欧洲的意大利、德国、英国，再远一些就是大洋彼岸的美国、澳洲，等等。但还是有些父母会说，孩子才那么大，就算到了阿尔卑斯山顶又有什么意义呢？她甚至连自己到过哪里都不记得。而且，带着孩子去旅行，父母多辛苦啊，得有多少麻烦事情啊！

不错，从某种程度上来说，这确实没有什么意义。但是，世界这么大，这么美好，我们为什么不带着孩子去看看呢？就像是这位 80 后妈妈说的一样："其实，这没有什么特别了不起的意义。但是，我就是想带着他，去看看这个世界有多美！""当然！我会尽我所能，带孩子去看这世界的美好，给他五彩缤纷的人生！"

事实上，虽然孩子年纪比较小，但是多看看外面的世界，对其成长和未来还是有很大帮助的。我们知道，孩子一出生就对外面的世界充满了好奇，他们喜欢探索周围的声音、颜色、事物、人，等等。而这种探索能力是我们成人难易想象的。也正是因为如此，他们接触的东西越丰富，获得的东西也就越多。从小让孩子亲身感受不同的环境、不同的风俗、不同的文化，对于孩子健康世界观的形成有很大帮助。

如同一位外国教育学家所说："大自然是世界上最有趣的教师，它的教益无穷无尽。"让孩子看这缤纷的世界，亲眼体会它的千姿百态，不仅可以培养孩子的观察能力，还可以让孩子荡涤心灵，积极健康地成长，而这本身就是一种成长。

更何况，站得高，才能看得远。一个人的视野决定了一个人的高度，而一个人所占的高度又决定了他的见识、思维，以及格局。父母多带孩子看看外面的世界，他的视野就会变得开阔了，他的见识就会广博，格局就会变大。他在做事情时就不会盲目，就不会局限在自己的小圈子，那么成功就变得容易得多。

现在太多的孩子，被父母"圈养"在家里，每天只知道学习、学习、再学习，接触世界的方式也只能是书本、电视和网络。每天生活的圈子只有家庭、学校、小区，甚至连自己所在的城市都没有走出去，更别说是到世界各地去看看了。孩子的目光所接触到的永远是学校、家、小区等方寸之地，他的视野如何广阔，见识又如何广博呢？

或许有父母会说，网络已经使我们的世界变成了小小的"地球村"，孩子只要轻轻点击鼠标就可以了解世界各地的风俗风情、历史典故，又何必千里迢迢地奔赴世界各地。可是，父母要知道，网络上的知识即便再详细，照片即便再高清，也不过是死的文字、图片罢了，怎么能有身临其境的感受呢？

我们让孩子到世界各处去看看，并不是仅仅为了了解这些地方的景色、风情、历史，而是为了使其增长见识，增加更多见闻和阅历。在这个过程中，孩子接触了更多的人和事物，慢慢地就可以形成多元的价值观，就可以培养孩子的观察力、行动力。而这些都是书本、网络上的东西所不具备的。

父母应该改变自己的想法，不要认为孩子读书才能有出息，读书才是学习。如果不让孩子多出去看看，那么孩子会以为自己所接触的方寸之地就是全世界。即便有些父母没有条件带孩子到欧洲、到美国、到北极，也应该尽可能带孩子到国内各地去走走，去看看，让他直观感受这个世界。

正如那句流行语所说：要么旅行，要么读书，身体和心灵总有一个要在路上。孩子需要接触更广阔的世界，需要接触更多的思想，这样孩子的视野才能越来越宽阔，格局才能越来越大，而未来人生的道路才能越来越长远。

世界真的很大，世界也真的很精彩，带着孩子去看看吧！相信这经历将给孩子的未来带来极大的帮助，相信这将是孩子人生中最不可取代的美好回忆！

选一个优秀的对手做搭档

现在社会是一个充满竞争的环境，大到国与国之间的较量，小到人与人之间的比赛，竞争真是无处不在。所以，很多父母都积极培养孩子的竞争意识，试图让孩子及早适应未来社会的竞争，成为生活的强者和胜者。

虽然说，父母培养孩子的竞争意识是无可厚非的，因为适度的竞争是一种鞭策，可以让孩子不断进步，积极主动地向其他人学习，并且使孩子从小就养成积极进取之心。但是我们不难发现，父母们的教育好像进入了一个误区，那就是总是无意间过分强调竞争，只关注竞争的结果，以至于导致孩子们将所有人都当成了对手。

对于很多孩子来说，对手就是对手，必须要成绩上一分高下；对手就是敌人，是最讨厌的人。很多孩子将学习和成绩上的竞争泛化到日常的交往上，不仅在心理上嫉妒对方，"对手太强大了，真恨不得他马上消失，越快越好"。还想办法打击对方，甚至是在背后诋毁别人。

难道生活中的对手一点都不好吗？不，绝对不是这样，其实，这样的现象就是心胸狭窄、消极竞争的表现了，不仅会影响到孩子的进步，更会影响到他们的身心健康，以及人际关系。

所以，父母应该给孩子灌输积极正确的竞争意识，告诉孩子，对手并不意味着是敌人，更没有什么不可调和的矛盾。其实，我们与对手的关系应该是一种积极的竞争关系，应该在一种友好、平和的范围内进行，而不是想办法把对手踩下去，把自己搞上去。父母还应该告诉孩子，应该用欣赏的眼光来看待对手，学习对方的优势和特长，并不断地提升自己和完善自己，如此才能不断地进步。

亨利克·易卜生是挪威著名的戏剧家，他有一个对手，就是瑞典戏剧家斯特林堡。斯特林堡在19世纪几乎革新了瑞典现代文学的所有文学形式，以题材的广阔性和表现手法的多样性成为欧洲剧坛的巨匠。

可以说，易卜生非常不喜欢这个强劲的对手，但是他却非常敬佩斯特林堡。为了激励自己写出更出色的作品，他在自己的案头放上了斯特林堡的画像，并且附言："这儿的一位，必定会比我强。"易卜生说："他是我的死对头，但我不去伤害他，把他放在桌子上，让他看着我写作。"正是在对方的关注下，易卜生才完成了《玩偶之家》《社会支柱》等世界戏剧文化中的经典之作。

很多时候，我们的成功是竞争对手造就的。因为缺乏了竞争，人们就不会有斗志，就会逐渐变得萎靡不振，失去了进取之心，而有了强大的竞争对手，人们的斗志就会被点燃，时刻提醒自己不能落于人后。

所以，父母应该告诉自己的孩子，不要把自己的对手看成是敌人，更不要对对手敬而远之，而要看成是促使自己进步的动力。在这个过程中，孩子需要做的不是嫉妒对方和打击对手，而是注意发现别人的长处，弥补自己的短处。只有这样我们才会有长进，才能使自己的学业和思想都达到一个更高的境界。

同时，人生没有永远的朋友，也没有永远的敌人，不管竞争是多么激烈，竞争过后都有合作的可能。正如一位哲人曾说过的："真正促使自己成功，使自己变得机智勇敢、豁达大度的人，不是优裕和顺境，而是那些常常置自己于死地的打击、挫折和竞争对手。"既然如此，父母为什么不教会孩子和优秀的对手合作呢？很多时候，我们无法独立完成一件事情，而选择优秀的对手做搭档，在竞争中互相激励和学习，在你追我赶中不断完善自己，才能获得巨大的进步和成功。

海湾战争之后，美国军方研制出一种被称为"艾布拉姆"式的 M1A2 型坦克，它拥有当时世界上最坚固的防护装甲，可以承受时速超过 4500 公里、单位破坏力超过 1.35 万公斤的打击力量。这种打击力量极其大，武器专家甚至表示，它可以轻易地将一只球捧上月球。

那么，这种异常坚固的防护装甲是如何研制出来的？

事实上，它与两位针锋相对的对手的较量是分不开的。这一对对手分别是最优秀的坦克防护装甲专家乔治·巴顿中校和著名破坏力专家迈克·马茨工程师。一个防御专家，一个破坏专家，天生就是对手，天生就是天敌。可是，当乔治·巴顿中校接受了研制任务之后，立即就找到了自己的对手，让他专门负责摧毁自己研制出来的防护装甲。

刚开始的时候，马茨总是能轻而易举地将巴顿研制的新型装甲炸个稀巴烂。但正是因为如此，巴顿一次次地更换材料，一次次地修改和完善自己的设计方案。在一次次较量中，巴顿使尽浑身解数，终于研制出了世界上最坚固的坦克。而巴顿与马茨这两个对手也同时获得了军方颁发的紫心勋章。

显然，父母应该知道，想要提高自己，最佳的途径就是找到比自己更强大的人做对手。与高手过招，你才能更快地进步，才能发现自己的不足。想要获得更大的成功，就要找个优秀的对手做搭档，相互促进、相互学习。

出色的对手通常也是最完美的搭档，他就是我们通往成功的加速器。身为父母，不仅要教会孩子敢于竞争，积极参与到竞争中来，更应该教会孩子合作，尤其是与优秀对手的合作。

不管在学校还是社会上，孩子都必然要面临与别人的交流、沟通、合作，甚至是竞争。如果孩子缺乏了交际的能力，总是以自我为中心，那么就很难被他人接受和欢迎，更难融入环境之中。当然，也很难获得更广阔的见识，取得更大的成绩。

所以，作为有大格局的父母们，应该让孩子认识到对手的可贵，选择一个优秀的对手做搭档。如此，孩子才能在将来成为真正的强者。

在美术馆遇见了大世界

现在的父母为了培养孩子可以说是煞费苦心，美术班、舞蹈班、"奥数"班、小主持人班、英语班……这样做无非就是让自己的孩子更优秀一些，接触的东西更多一些。可是，虽然很多父母都希望孩子能够接受文化艺术的熏陶，学美术、练跳舞，但却很少有父母时常带着孩子去美术馆、音乐厅。

如果问父母为什么不带孩子去美术馆？不少父母或许会这样说："美术馆的画作太专业了，小孩子怎么能看得懂！""我们又不希望孩子成为专业画家，没有必要去美术馆参观吧！"为什么会觉得孩子看不懂专业画作呢？为什么会觉得孩子去美术馆参观就一定要成为画家呢？还有些父母则认为："我本身就不懂艺术，怎么能带领孩子参观美术馆呢？"

东东5岁了，爸爸打算每周带孩子去美术馆参观，他是这样想的："虽然我不奢望孩子成为画家，但是希望他能在这样的环境中接受艺术的熏陶，可以让他的思维更活跃、视野更开阔。因为美术馆中有一个不一样的世界。"

可是，东东开始却对美术馆没有兴趣，他总是发脾气地说："我去什么美术馆，那里太枯燥了！我要去游乐场，我要在家里看《喜羊羊与灰太狼》！"这时候，妈妈也说："是啊！让孩子去什么美术馆，那里面那么专业，孩子这么小，怎么看得懂！"

爸爸说："孩子从小就应该接受艺术熏陶，多感受感受艺术氛围。"

妈妈却说："等孩子长大再带着去美术馆也行啊！现在，还不如让孩子学习画画呢！"

事实上，看不懂专业画作，也可以欣赏名家的作品；不想成为画家，也可以欣赏艺术品的美和思想。父母带孩子进入美术馆，不仅是为了欣赏不同的画作，更重要的是为孩子打开通往缤纷世界的大门。通过各种作品，孩子知道了世界原来还有另外的样子。孩子可以通过画作来领略大自然的美，春夏秋冬，各有各的韵味；孩子可以看到遥远时代的古人，是怎么通过狩猎、捕鱼的方式进行生活；孩子可以看到同一样事物，通过现实、抽象、夸张等手法呈现的形式；孩子更可以了解到文森特·梵高、达·芬奇等西方画作的抽象美，更可以了解张大千、齐白石等中国水墨丹青的别样韵味。

带孩子到美术馆参观，更重要的就是可以开拓孩子的创造性思维，培养和发掘孩子的创造力和想象力。就如同一位英国学者说过的："英国最丰富的资源不是石油，也不是煤炭，而是英国人民的想象力，而这想象力是通过艺术教育激发和发展起来的。"美术馆是孩子的天堂，那里有无数奇妙的东西等着孩子去寻找、去发现，不仅可以让孩子有不一样的审美，培养孩子的艺术素养，开阔孩子的视野，更可以激发孩子的想象力和思考能力。

在一些国家，美术馆时常根据中小学生的特点开展专题企划展，还有些美术馆会让艺术家带着自己的作品去学校给孩子们欣赏，并且为孩子们解答一些问题，从而形成了美术馆与学校、孩子之间的互动交流。有些父母甚至认为，一个缺乏艺术审美和常识的人根本不能算受过真正的教育的人，在将来也不可能成为一个优秀的人。

著名艺术品鉴赏家兰姆普雷就非常重视孩子艺术审美的教育，她有两个儿子，而在他们开始蹒跚学步的时候，她就带着两个孩子参观各地的美术馆。知名学者梁文道也曾经讲过，他小时候在台湾长大，在学校学习什么东西基本上都忘记了。但是爱好艺术的外公时常带自己去台北故宫博物院参观，里面一些珍贵的书画则给他留下了深刻的印象。

所以，身为父母，不要认为孩子小就没有必要去美术馆，也不要认为孩子将来不当画家就没有必要看专业画展。时常带孩子去美术馆，孩子可以在那里遇到不一样的大世界。即便孩子对画展不感兴趣，只是到美术馆随便看看，仅是美术馆的气氛也会对他的成长有着不可估量的作用。

其实，现在很多父母都有带孩子去美术馆的意识了，可是观察那些带孩子的父母，我们却总是能够发现这样的问题：很多父母会时不时说上几句，"快看快看，你看人家画得多好啊！""你也要学人家的画法！看看这些细节！""你要理解画作的意图……"有些父母俨然就把美术馆当成是教育孩子的"第二课堂"，目的就是让孩子多学习些所谓的美术知识。

父母不要忘了，带孩子参观美术馆的目的就是为了让孩子增加对艺术的兴趣，开阔孩子视野，从而提高想象力。但是如果父母把那里当成是教育孩子的"第二课堂"，非要孩子记住什么画法、流派，或是煞有介事地给孩子分析画家的意图，那么只能是束缚孩子的思想，禁锢了孩子的想象力，让孩子感到无所适从，甚至是烦躁不已。

与其让孩子跟着你的思维走，跟着你的手指头去看，不如让孩子静静地欣赏。即便是看不懂也没有关系，只要孩子对画作感兴趣，能够发挥自己的想象力，那么就可以了。

如果真心想要让孩子了解更多，就应该在参观之前做好准备，通过网络或是其他渠道了解这次画展的主题、作家风格等，然后提前介绍给孩子。这样一来，孩子才能自由自在地去参观，用心去感受每一幅画作，才有真正的收获。

当然，孩子在美术馆逗留的时间也不要太长，如果指望孩子一次就能接受艺术熏陶，或是指望一次看个够，那么只能让孩子感到厌烦。即便是巴黎卢浮宫，如果一次参观的时间太长了，也会感到厌烦。父母可以根据孩子的特点来安排时间。比如说 3 岁到 7 岁的孩子，每次观赏的时间在一个小时左右就够了。如果是十几岁的孩子，父母可以事先做好功课，搜寻美术馆或是画展的相关信息，认真欣赏两个小时左右就好了。

同博物馆一样，美术馆是一个城市乃至一个国家最重要的文化标志，更是国家文化艺术财富以及时代背景的展现。带孩子参观美术馆，让孩子感知和想象不一样的世界吧！

行万里路，也要读万卷书

清代钱泳的《履园丛话》中说："读万卷书，行万里路，二者不可偏废。"古人把读万卷书和行万里路结合在一起，真正强调了读书和亲身实践的关系，它们都可以让人开阔眼界，增长知识和潜质。所以，父母要告诉孩子，去看那么大的世界的同时，也不要忘了读书。因为阅读就是人们看世界的窗口，就是人们掌握知识的途径。

父母需要带孩子到世界各地去看看，让孩子增长见识，但是，不管到什么时候，阅读都是不可缺少的。当孩子读的书多了，储备的知识也丰富了，在走出去的时候才能感受世界之广袤，大自然之奥妙，进一步扩充自己的见闻和生活阅历。如果孩子只是到处游览、到处看看景、观观花，那么也只能是走马观花，简单地到此一游而已。

即便是几年前带着孩子旅行而不让孩子上学的父亲，也在行走的过程中交给孩子相应的知识。他带着孩子从古村窄巷到大山大河，从山坡到码头，将路途中遇到的每一个景，每一件事情，都融入知识中，传授给自己的孩子。

虽然表面上这个孩子没有上学，没有读书，但是父亲却无时无刻不在向孩子灌输相关知识。他每年都会从书店买教材和相关书籍，自己先通读一遍，然后在合适的时刻告诉孩子。比如在看老建筑、古祠堂、古对联的时候，父亲就教孩子学古诗、古文；在浏览孔林孔庙的时候，父亲就向孩子介绍孔子以及儒家思想……除此之外，父亲还时常带孩子去看画展、听音乐会。所以，这个父亲在带着孩子行万里路的同时，也让孩子做到了学习和阅读。

父母都希望自己的孩子最大限度地看到更广阔的天空，与更多更优秀的人交流，接受更多的思想。但是，孩子毕竟是孩子，由于精力和时间的原因，他们不可能有那么多的见识，有那么多的精力，更不可能走遍世界各地。这时候，大量的阅读就必不可少了。

思想家培根曾经对人们说："书籍是在时代的波涛中航行的思想之船，它小心翼翼地把珍贵的货物运送给一代又一代。"所以，父母如果想要让孩子增长见识，开阔视野，就应该让孩子多阅读，培养爱读书、多读书的好习惯。

晓玲以前是一个总是喜欢疯玩的孩子，可自从进入初中后，这个孩子就变了很多，虽然也非常开朗活泼，但却不会再无限度地玩闹了。而且，晓玲的视野也变得开阔了，在同学中间知道的事情最多，总能讲出些新鲜的事情。同学们遇到不懂的问题，就来问她，而她也能轻松地给予解答。

同学们无不羡慕地说："晓玲，你怎么什么都知道？"

晓玲则笑着说："那是因为我喜欢阅读啊！"

原来，晓玲以前总是贪玩，对学习也没有兴趣，所掌握的知识也局限于课本。为了增长孩子的见识，在她五年级以后妈妈就每周带她到图书馆看书，希望能让孩子对读书感兴趣。开始的时候，晓玲可坐不住，总是找一些漫画或是小说来看。妈妈也没有阻止和批评她，因为妈妈知道，只要孩子培养起阅读的兴趣，以后就好说了。

果然，过了一段时间后，晓玲对阅读产生了兴趣，每周都主动要求妈妈带自己到图书馆。这时候，妈妈开始引导她阅读一些文学、自然知识等方面的书籍。慢慢地，晓玲阅读的范围越来越广泛，包括历史、诗词、国学、自然、文学等。随着阅读量的增加，晓玲的知识积累也越来越厚，知晓的事情也越来越多。

没错，对于孩子来说，阅读就是打开他世界大门的钥匙，不仅可以扩充其知识面，更可以锻炼孩子灵活的思维，让他们的眼界更加开阔。孩子或许没有条件和时间去游览世界上的自然风光和名胜古迹，但是却可以任由书籍的带领，来到北极，领略极光的美；去到亚马孙河，体会热带雨林的荒野。孩子无法回到几百年、几千年前的古代，聆听孔子、孟子的讲学，崇拜李白、杜甫的文采，但是却可以通过文字了解他们的思想，感悟他们的精神。孩子更不可能前往月球和外太空，但是阅读却让他们开阔了眼界，见识到宇宙到底有多大，人类有多渺小……

对于一个孩子来说，阅读是非常重要的。阅读，让孩子穿越时空，把最美丽的景色、最神秘的事物，以及最优秀的人和思想带到他们面前，让孩子可以看得更长远、广阔，想得更深入。阅读，可以增长孩子的见识，拓宽他们的思路，更可以让孩子拥有自己独立的见解，不那么容易陷入盲目和愚昧之中。

所以说，身为父母，带领孩子去看世界的同时，也培养孩子的阅读兴趣吧！多读书、读好书、好读书，孩子的世界才能更大更广。

培养孩子的财商，让孩子更早拥有经济头脑

在一些国家，财商、智商和情商并列在一起，被称为家庭教育不可或缺的内容。父母很早就对孩子进行财商教育了。

他们在孩子 3 岁的时候，就开始教孩子认识币值、纸币和硬币。

4 岁的时候，教育孩子如何用钱买简单的生活用品，包括自己喜欢的小玩具、小零食，等等。

5 岁的时候，父母会让孩子明白，金钱并不是凭空而来的，而是通过劳动获得的报酬。孩子想要获得钱就必须付出自己的劳动。

8 岁的时候，父母通常会交给孩子如何在银行开户存钱，并且让孩子想办法赚取零花钱。

9 岁的孩子已经可以制订自己的用钱计划，并且学会了买卖交易。

到了 12 岁的时候，这些孩子已经完全可以参与成人社会的商业活动和理财、交易等活动。

正因为如此，孩子很早就有了正确的金钱观，拥有了经济头脑，懂得如何理财，更懂得如何更好地在这个世界上生存，让自己的生活过得更好。

然而，我们很多父母却认为孩子还小，没有必要接触金钱，孩子只需要好好学习就好了。他们很少给孩子进行财商教育，很少让孩子接触到金钱，甚至认为"孩子还小，他又没开始挣钱，学什么理财呀，等他自己挣钱的时候，

自己当家了，自然就知道理财了"。"让孩子小小年纪就接触金钱，钻营赚钱，染一身铜臭，哪里还有心思学习呀？"即便是家庭条件困难的家庭，也觉得没有必要让孩子过早地体会赚钱的艰辛。

所以，很多孩子不懂得父母赚钱的辛苦，逐渐养成了花钱大手大脚的消费习惯，时常和别人攀比，穿衣必须是名牌。很多父母时常抱怨自己的孩子娇生惯养，花钱如流水，可是父母是否反思过，是我们自己并没有给予孩子正确的财商教育。在孩子内心深处认为父母的钱来得很容易，他又怎么懂得珍惜呢？

而家庭条件优越的家庭更不用说了，父母尽可能满足孩子的物质需求，孩子需要什么就买什么，却从来不会告诉孩子应该节俭，应该懂得这些钱只是父母赚取的，并不应该肆意地挥霍浪费。

与其说这些父母爱孩子，不如说他们的溺爱害了孩子。一个孩子如果没有及时接受正确的财商教育，那么就会对金钱和财富有错误的认识。不是缺乏经济头脑，就是不懂得如何管理自己的财富；不是过于吝啬，就是过分看重金钱。而这些都对于孩子的未来发展有很大的阻碍。

事实上，很多西方知名人物都非常重视孩子财商的教育。股神巴菲特就是其中之一。彼得·巴菲特可以说是世界上最出名的"富二代"，因为他是股神巴菲特的儿子。或许很多人认为，彼得有个巨富爸爸，肯定过着春风得意的生活，从小就有着花不完的钱。可事实上，并非如此。他很小就走路上学，没有豪车接送，更没有保姆保镖护送。离开大学后，他就开始了独立的生活，不仅要独自负担个人音乐室的开销，还要每月偿还数额不小的房贷。就连他个人音乐剧的巡回演出的费用，都是自己通过个人人脉而筹得的。

这或许令很多父母感到震惊：巴菲特拥有这么多财富，为什么非要难为自己的儿子呢？难道他就不能为孩子铺就宽敞的人生道路吗？就连李开复都开玩笑地说，巴菲特实在是太抠门了。如果我儿子有搞音乐剧这样的事情，我一定会全力支持的。

巴菲特给自己孩子最大的人生财富不是在金钱上无条件地支持，而是教会他们如何实现自己的人生价值，通过自己的努力开创事业并拥有了自得其乐的生活。而我们的父母则想的是给孩子开支票，给孩子无忧的生活。

这不仅让我们想起了几年前那段流传很广的对话：美国小孩问他的爸爸："我们家有钱吗？"爸爸会回答说："我有钱，但是你没有！我的钱是我经过努力赚来的，如果你想有钱就必须在将来也努力奋斗。"而当我们的孩子问爸爸"我们家有钱吗"的时候，爸爸通常会自豪地说："是的！我们家很有钱，将来这些钱都是你的！"

父母并没有给孩子正确的金钱教育，导致孩子形成了错误的金钱观和理财观。如何奢望孩子能够更好地实现自己的价值，如何开创出更伟大的事业？

同时，作为父母，我们不能只是一味地给孩子提供富足的物质生活，给孩子充足的金钱，而是应该培养孩子的财商，让孩子更早地拥有经济头脑。父母应该让孩子形成正确的观念，进行理性消费，让孩子明白消费的目的不是为了攀比和面子，而是为了实用。这样一来，孩子就不会迷信那些所谓的名牌，和别人攀比。

父母还应该教会孩子制订花钱的计划，养成合理支配金钱的意识。比如帮孩子计算，一月的零花钱是多少，必须支出的是多少，能够节余多少。然后，就要引导他在接下来的几个月里每周需要存下多少钱，或是引导他通过自己力所能及的劳动去赚取零钱。

总之，父母应该明白，理财教育是孩子成长中非常重要的一课，因为每个人在社会上生存，都不可避免地接触、使用金钱，都不可避免地与经济打交道。

就像是曾因撰写畅销书籍《穷爸爸富爸爸》而风靡一时的罗伯特·清崎所说的："理财是一个人十分重要的社会生存技能，一个人必须端正对待金钱的态度，不能成为金钱的奴隶，而是要让金钱为我们服务。今天我们的教育体制已经不能跟上全球变革和技术创新的步伐，我们不仅要教育青年人在学术上的技能，还要教育他们理财的技能，因为这不仅是他们在这个世界上生存下去的技能，更是赢得美好生活所必须具备的技能。"

只有尽早培养孩子的财商，让孩子形成正确的金钱观和理财观，孩子对于金钱的认识才能更透彻，才能过上美好的生活。

见识，是在社会实践中增长的

在孩子的成长过程中，除了学习之外，肯定会遇到各种各样的问题，以及经历越来越多的事情，尤其是青春期的孩子，或许面临的问题更多，经历的事情也越来越复杂。每当这个时候，孩子的思维、见识，以及解决问题的能力就变得更为重要了。

现在的很多父母，想要让孩子见识更广、思维更活跃，但是却习惯于保护自己的孩子，想要孩子"两耳不闻窗外事，一心只读圣贤书"，剥夺了孩子动手做事或是参加社会实践的机会。以至于，孩子对这个世界的认识，仅限于书本、电视、网络，甚至是父母口中述说的事实。

我们会看到这样的情形：日常生活中，父母包办孩子所有的事情，孩子不仅没有参加社会实践的机会，甚至连动手做自己事情的权利都没有；一到假期，父母就给孩子制订各种各样的学习计划，英语背诵多少篇，卷子做好多少篇，培训班、加强班更是不能少。孩子的假期被安排得满满的，可就是缺少社会实践的机会。有些父母甚至还时常这样说："孩子还这么小，参加什么实践啊？长大有很多机会，还是让孩子把学习搞好吧！"

但是，父母应该知道，不管孩子年纪小还是已经到了青春期，社会实践都是必不可少的。它不仅可以让孩子学会动手动脑，还能让他们通过亲身体验感受到生活，促使孩子增强社会意识，同时增加上进心。同时，孩子终有一天要长大，他们迟早要面对这个世界和社会，迟早要自己面临和解决问题。如果我们不让他更多地去实践，不给他经历更多事情、解决更多问题的机会，那么孩子的见识如何更广？又如何更好地成长？

事实上，见识更多的是社会实践中获得的。即便是书本上的知识，也是前人根据亲身的实践而获得的。孩子需要通过亲子体验和各种社会实践来增长自己的见识，更需要通过各种实践来验证、扩展自己所学习的知识。

美国曾经流行一种"木匠教学法"，强调的就是实践对于孩子认知和增加见识的重要性。其实，这种教学非常简单，就是老师给学生们一些木块和量尺，让他们去丈量木块的长宽高，然后自己拼造出一些物体，将知识和孩子的动手和实践结合起来。

父母应该多帮助孩子打开一个认识世界、增长见识的窗口，引导孩子多动手做自己的事情，参加社会实践或公益活动。这不仅会培养孩子各种生活能力，还是孩子接触社会、锻炼自己的良好时机。

一个小男孩生活在优越的家庭中，受到了父母以及祖辈的百般呵护，所以虽然性情温和、聪明懂事，但是性格中总是缺乏些果敢、男子汉气概。在平时，孩子做事有些唯唯诺诺，不愿意去接触外面的朋友，假期不是在家里做功课就是玩游戏。

为了让孩子变得勇敢些，父母决定多让孩子自己做自己的事情，多参加些实践活动。后来，男孩的父亲到非洲工作。每逢暑假的时候，妈妈就会把孩子送到爸爸那里，让孩子多见识见识不一样的世界。从中国到非洲大陆的最南端，从繁华的北京到枯黄萧索的约翰内斯堡。亲身经历和一些体验给男孩留下了深刻的印象，而远在他乡、缺少妈妈悉心照料的男孩也参加了很多社会实践。

在这期间，爸爸带着男孩体验非洲原始部落的风俗。刚开始的时候，男孩有些不适应。尤其是黑人的庆祝集会上，无数男女老少载歌载舞，大喊大叫，把父子两人围在中间表示欢迎，让他感到恐惧和震撼。但是，慢慢地，男孩了解了黑人的习俗，便学着和他们交流。当年龄相仿的黑人小孩拉着男孩的手，邀请他加入到舞蹈中来的时候，他已经不再害怕，还大方地学着黑人的舞步扭动起来。虽然有时候他听不懂对方说着什么，但是从对方的表情和态度来看，他知道对方是友善的，他们只是用这种狂野热情的方式来表达自己的情感，或是自己的喜悦，或是对客人的欢迎。

在假期，爸爸带着男孩来到开放的原始部落，他们与这里的人一起生火、煮食物。看到黑人小孩从小就做很多事情，男孩真正意识到自己以前太娇惯了，做的事情太少了。这样的经历让男孩真正获得了成长，他不仅亲身体验了非洲的黑人生活，更提升了实践意识。之后，他不再什么事情都依靠父母，还积极动手做各种家务和参加各种实践。

不管是孩子还是成人，人的思维往往是从动手和实践开始的。试想，如果一个人不动手、不实践，那么就会切断了思维和外界之间的联系，那么就算再有想法，恐怕也没有太大的收获。要不古人怎么会说出"纸上得来终觉浅，要知此事要躬行"这样的警句来告诫后人呢？要不战国时期的赵括怎么会因为"纸上谈兵"而兵败并酿成大祸呢？

所以说，实践就是孩子了解世界、增长见识和视野的窗口，更是孩子不断自我成长的必然途径。父母应该从孩子小时候就让他们多动手，多实践，培养孩子自己解决问题的能力，鼓励孩子去参加各种社会实践。其实，做法很简单，就是要让孩子在平时多帮助父母料理家务，或是让孩子多参加一些夏令营活动，或是参加一些爱心活动，等等。

只要是实践活动，就多鼓励孩子去参加。如此才能激发孩子的一些新想法，孩子与外界的交流才能越多、越广泛。因为见识是在实践中增长的。